점점 교회와 멀어져 가는 우리 문화 속에서, 놀랍도록 헌신적인 목사들이 지역 교회의 일상적인 삶과 실천에 대한 충분한 배경 지식 없이 사역을 시작한다. 찰스 윙거드 목사는 친밀하고 성숙한 태도로, 그의 목회 경험과 목사들을 훈련시킨 경험을 반추하면서, 영혼 돌봄, 목사의 의무, 지역 교회의 관습과 예배와 회중을 조직하고 이끄는 사랑의 수고에 대해 다룬 유용한 입문서를 저술하였다.

– 브라이언 채플 그레이스장로교회 담임목사, 커버넌트신학교 명예총장

내가 신학생이었던 시절에 찰스 윙거드 목사는 나의 멘토였다. 그때, 나는 윙거드 목사에게 배웠고, 지금까지도 여전히 배우고 있다. 이 책은 극도로 실천적이고 엄청나게 지혜로운, 아주 탁월한 도서다. 내가 윙거드 목사에게 기대한 바대로, 글이 명료하고, 직접적이고, 분별로 가득하다.

– 케빈 드영 샬럿리폼드신학교 조직신학 부교수, 그리스도언약교회 담임목사

찰스 윙거드는 노련한 개혁파 목사다. 나는 그가 리폼드신학교의 학생들과 그의 교회 회중을 목회하는 모습을 볼 때 놀라움을 느끼며 지켜본다. 목회의 실제에 관한 조언이 필요할 때, 나는 윙거드 목사 외에 다른 사람을 생각할 수가 없다. 말할 필요도 없이, 그가 이 책을 썼다는 사실이 몹시 기쁘다. 오랫동안 목회에 종사한 목사라도 배우고, 다시 배워야 할 내용들이 이 책에 담겨 있다. 나는 이 책에서 배운다. 당신도 배우게 될 것이다.

– 리곤 던컨 리폼드신학교 학장, CEO

찰스 윙거드는 목사의 목사다. 그는 그의 시간과 생각을 압박하는 요구들

의 범위를 이해한다. 그는 목사가 정서적, 영적, 신학적 지성이 어느 수준까지 계속 성장해야 하는지 알고 있다. 그는 목사가 쓰임 받기 위해서는 영혼들을 사랑하고, 하나님의 교회를 소중히 여기고, 동시에 그 자신의 삶을 하나님과 함께 개발해 나가야 한다는 것을 알고 있다. 이 모든 것들이 우리를 쉽게 압도해 버릴 수 있지만, 찰스는 우리가 이러한 경쟁하는 압력들을 극복하고 복음 사역이 가장 중요하고 가장 고결한 소명임을 한층 굳건히 확신하도록 도와준다.

– 리암 골리거 필라델피아 제10장로교회 담임목사

이 책은 한 경험 많은 목사로부터 나온 지혜의 보고다. 이 책에서 찰스가 제공하는 실제적이고 경건한 조언들은 목사들에 대한 그의 사랑을 입증한다. 이 책은 불필요한 실수와 심적 고통으로부터 많은 신입 목사들을 구해줄 것이다. 더 중요하게는 그들이 섬기는 회중 또한 도와줄 것이다. 나는 이 책을 읽으면서 '마치 내가 친밀하고 현명한 연상의 멘토와 나란히 앉아 그의 발치에서 배울 만한 내용을, 그와 직접 만나지 않고도 습득하는 것과 매우 비슷하다'고 생각했다. 젊은 목사들이여, 이 책을 집어 들고 읽으라. 이 책을 통해 당신은 격려를 받고, 자극받고, 도전받고, 구비될 것이다.

– 제이슨 헬로포울로스 유니버시티개혁교회 부목사, 《신규 목회자 핸드북》 저자

내가 처음으로 교회에 부임했을 때, 한 경험 많은 목사가 나의 멘토로 계셨다. 나는 그가 회중의 삶 속에서 다양한 사역들을 감당하는 모습을 지켜보며, 내 자신의 목회에서 계속 되새기고 지혜와 통찰을 얻었다. 나와 같은 경험을 할 기회가 없었던 목사들에게는, 찰스 윙거드가 저술한 이 책이 비슷한 역할을 해줄 것이다. 신입 목사들은 매 장마다 중·소형 교

회에서 발생하는 기회와 도전들에 대해, 경험 많은 목사이자 교육가로부터 현명한 조언을 받게 된다. 당신은 이 책에서 도움을 받을 뿐 아니라 당신의 복음 소명에 대한 확신과 열심을 새롭게 할 수 있을 것이다!

목사에게 사역을 시작한 처음 몇 해는 셔츠의 첫 단추를 끼우는 것과 비슷하다. 올바르게 시작하면 그 다음에 따라오는 것들은 모두 제대로 정렬될 가능성이 크다. 그러나 시작이 잘못되면 앞으로 나아가기가 훨씬 힘들어진다. 그래서 나는 이 책을 읽고 기뻤다. 윙거드 목사는 신입 목사들이 걷고 싶은 길을 걸어왔다는 사실을 첫 장부터 분명하게 보여주었다. 그는 확실히 믿음직하고 신실한 안내자이다. 이 책에서 당신은 성경적이고, 견고하고, 실천적이고, 포괄적이고, 구체적인 조언들을 발견할 것이다. 나는 우리 교회의 신입 목사들을 위한 훈련 과정에 이 책을 포함시키고 싶다.

많은 목사들이 사역 첫해에 실패하거나 치명적인 타격을 입는다. 그들은 한꺼번에 너무 많은 것을 시도하거나, 목회 사역의 기초에 대한 인식 부족 상태로 무언가를 실행하기 때문이다. 그런 점에서 이 책은 신입 목사들에게 특히 유용할 것이다. 이 책은 새로운 교회에서 사역 초반에 겪는 모호하고 혼란스러운 일들을 분명하게 밝히고, 반드시 해야 할 일과 그 일을 제대로 하는 방법을 명료하게 설명한다. 나는 이 책을 내 '사역과 리더십' 수업의 필독서 목록에 추가했다.

신학생들과 신입 목사들에게, 주님의 포도원에서 수십 년을 신실하게 수

고해 온 이의 현명한 조언보다 더 귀한 것은 없다. 찰스 웡거드는 이 책에서 그런 조언을 제공한다. 간결하고 이해하기 쉬운 이 작은 볼륨에서 웡거드 목사는 목회에 대한 실제적인 지혜를 풍성하게 나눠준다. 당신이 목회를 준비하고 있거나 이제 막 시작한다면, 이 책을 꼼꼼히 읽고 적용하라. 당신의 (미래의) 회중이 감사하게 될 것이다.

– 존 D. 페인 그리스도장로교회(PCA) 목사

1990년대 초 젊은 신학생이었던 나는 웡거드 목사가 목회하던 교회의 멤버였다. 그 교회에서 나는 그의 비서로 근무하고, 주일학교를 가르치고, 첫 설교를 했다. 훈련 기간 동안, 나는 웡거드 목사가 점점 늘어나는 회중을 위해 설교하고, 가르치고, 연구하고, 훈련하고, 심방하고, 복음을 전하고, 괴로워하고, 사랑하는 모습을 지켜보았다. 그 일은 요란하거나 화려하지 않았고, 장치나 속임수 같은 것도 없었다. 그것은 단순하고, 견고하고, 은혜의 수단이 되는 복음 사역이었다. 당신이 목회를 준비하고 있거나, 목회를 시작한 지 얼마 되지 않았거나, 사역의 우선순위를 다시 생각해볼 필요가 있다면, 이 책은 당신의 목회에 대해 현명한 조언을 해줄 것이다. 이 책은 성경적이고, 신학적이고, 매우 실천적이다. 이 책을 다 읽을 무렵이면, 위대한 복음 사역과 관련하여 웡거드 목사가 당신의 친구이자 동역자처럼 느껴질 것이다.

– 마일즈 반 펠트 리폼드신학교 구약학 및 성경언어학 학장 및 교수

오토 폰 비스마르크는 "바보들은 경험에서 배운다. 나는 다른 이의 경험에서 배우는 편을 선호한다."고 말했다. 찰스 웡거드 목사는 그의 풍부한 경험을 통해 교회를 위한 귀중한 자원이자, 사역을 시작하는 이들을 위한 매우 실천적인 책을 썼다. 당신이 사역을 막 시작했든, 상처를 받아 회복

이 필요하든, 이제는 알지만 더 일찍 알았더라면 좋았을 것에 대해 회고하고 싶든 간에, 이 책을 집어 들고 읽어보라. 아니, 그보다도 신입 목사에게 이 책을 건네주라.

- **랜킨 윌본** 퍼시픽크로스로드교회 목사, 《*Union with Christ*》 저자

선배 목사의 목회 조언

나의 삶과 목회를 기쁨과 격려와 일상의 웃음으로

채워주는 아내 린에게

선배 목사의 목회 조언

지은이   찰스 말콤 윙거드
펴낸이   김종진
편집   김예담
디자인   이재현
초판 발행 2021. 4. 14.
등록번호 제2018-000357호
등록된 곳 서울특별시 강남구 선릉로107길 15, 202호
발행처   개혁된실천사
전화번호 02)6052-9696
이메일   mail@dailylearning.co.kr
웹사이트 www.dailylearning.co.kr

책값은 뒤표지에 있습니다.
ISBN 979-11-89697-18-1 03230

선배 목사의 목회 조언

현장 목회를 위한 실질적인 조언

찰스 말콤 윙거드 **지음**

차수정 **옮김**

개혁된실천사

목차

추천사

내가 신입 목사였을 때, 존경받고 경험 많은 목사에게서 사역에 대해 배웠다면 얼마나 좋았을까. 《선배 목사의 목회 조언》은 바로 그런 도움을 제공하는 책이다! 멘토는 바로 찰스 윙거드 박사로, 그는 실제로 30년 넘게 목회를 했고, 크고 작은 교회들에서 사역하면서 그 교회들을 잘 이해하게 되었다. 지금 그는 미시시피주 잭슨의 리폼드신학교에서 실천신학 교수로 섬기고 있다.

이 책을 읽다 보면 마치 당신이 윙거드 박사의 서재에서 커피 한 잔을 놓고 앉아 있고, 그는 당신이 전혀 상상하지 못한 중요한 문제들에 대해 말해줄 뿐 아니라 당신의 질문에 친절하게 대답해주는 듯한 느낌을 받을 것이다. 윙거드 목사는 따뜻하고, 온화하며, 현실감 있고, 종교적인 가식이 없다. 그러면서도 성경뿐 아니라 개혁주의 신학의 깊은 우물로부터 물을 길어 올린다. 한마디로, 이 책은 매우 지혜롭고, 성경적 지식을 바탕으로 하며, 목회적이다. 그리고 이 책의 상식은 대단히 명료하고 엄청나게 이해하기 쉽다.

《선배 목사의 목회 조언》은 간결한 열여덟 장으로 구성되어, 목사의 일상적 책임 수행과 그의 내면생활과 규모 있는 삶을 발전시키기 위한 조언을 다룬다. 이 책에는 진지한 미소가 담겨 있다. 사실 이 책은 즐겁게 읽을 수 있다. 나 자신도 사역에서 여러 번의 여름과 겨울을 견뎌 왔지만, 이 책은 내가 우리 학생들의 유익을 위해 사용할 "목회학" 과목을 위한 자료 파일에 추가시킨 탁월한 발상들을 많이 제공했다.

"말씀을 전파"하고(딤후 4:2) "하나님의 양 무리를 치는"(벧전 5:2) 거룩한 소명을 이제 막 시작하는 이들에게 이 책은 참으로 귀중한 선물이다. 내가 목회의 여정을 시작했을 당시에 이 책이 내 수중에 있었다면 얼마나 많은 곤경을 피할 수 있었고 얼마나 많은 유익을 경험했었을까.

신입 목사들이여, 집어 들고 읽으라tolle lege. 교인들이여, 이 책을 여러분의 목사에게 건네주라.

R. 켄트 휴즈
웨스트민스터신학교 선교학 교수

서문

이 책은 2011년에 아내 린의 생각에서 시작되었다. 린은 내가 30년 넘게 목사로 섬겨 왔고, 신학생들과 함께 일하기를 좋아한다는 사실을 상기시켜주었다. "그러니까 목회에 대한 책을 한 권 써 보는 건 어때요?"

핑계를 대자면 나는 목회에 대해 책을 쓰기보다 목회를 직접 하는 편이 더 좋았다. 그러나 결국 아내의 끈질긴 권유가 결실을 맺어 이 책이 출간되게 되었다.

나는 이 책 집필에 거의 손을 대지 못하고 있다가, 2014년에 미시시피주 잭슨의 리폼드신학교에서 목회학을 가르치면서 본격적으로 책을 썼다. 책 내용은 대부분 우리 학생들에게 하는 조언이다. 나는 학생들이 목회를 시작한 지 5년, 10년, 심지어 20년차가 되었을 때보다도(이 시기도 중요하지만), 그들에게 극히 중요한 첫 번째 해를 마무리할 때 어떤 모습일지가 주로 궁금하다. 그 첫해의 경험은, 기도하건대 그리스도의 백성들을 위한 평생의 기쁜 수고가 될 사역의 형태를 구성하기 때문이다. 그래서 나는 장차 목사가 될 학생들이 그들의 첫 교회에서 첫날을 잘 맞이하게끔 그들을 준비시켜야 한다는 부담을 갖고 있다.

나는 이 책을 통해 젊은 목사들에게 목회의 첫해를 맞이하는 방법에 약간의 도움을 주고자 한다. 이 책이 그들에게 유용하다면 하나님께 가장 감사하고 심히 만족스러운 일일 것이다.

감사의 말

내 아버지이신 조지 토머스 윙거드 주니어는 내게 목회적 돌봄의 기초를 가르치셨다. 다른 누구보다도 아버지가 내 목회 사역의 첫해를 위해 나를 철저히 준비시키셨다. 내게 있어 존 칼빈 윙거드 삼촌은 평생에 걸친 신실한 목회 사역의 본보기가 되어 주셨다. 91세인 삼촌은 지금까지도 계속 목회 사역에 종사하며 내게 영감을 주신다.

내가 섬겼던 노스캐롤라이나주 모갠튼 훼이쓰장로교회, 매사추세츠주 입스위치 노스쇼어제일장로교회, 매사추세츠주 웨스트 반스터블 케이프코드장로교회, 앨러배마주 헌츠빌 웨스트민스터장로교회, 미시시피주 야주시티 제일장로교회에 감사한다.

우리 교회 장로들은 나의 교회 사역 및 신학교 사역을 격려해준 것과 마찬가지로 이 책 저술에 있어서도 나를 격려해주었다. 하나님의 교회와 나를 깊이 사랑하는 밥 베일리, 빌리 브리지포스, 윌리엄 캐럴, 존 마이클 필로우, 지미 설리번 장로 등의 경건한 남성들을 보내주신 하나님께 감사드린다.

빌 바클레이, 잭 데이비스, 리곤 던컨, T. 데이비드 고든, 가이 리차드슨, 데이비드 스트레인, 마일즈 반 펠트, 가이 워터스는 내게 꼭 필요한 피드백과 격려를 제공해주었다.

카일 브렌트 조교, 내 개인 조교인 린지 오스틴은 나를 위해 많이 수고했고, 나를 격려해주었다.

시종일관 유용한 피드백을 제공해준 존 휴즈에게 감사한다.

그리고 린, 내 원고를 계속해서 읽고 또 읽어주어 고마워요. 사랑합니다!

"그러나 너는 배우고 확신한 일에 거하라 너는 네가 누구에게서 배운 것을 알며 또 어려서부터 성경을 알았나니 성경은 능히 너로 하여금 그리스도 예수 안에 있는 믿음으로 말미암아 구원에 이르는 지혜가 있게 하느니라 모든 성경은 하나님의 감동으로 된 것으로 교훈과 책망과 바르게 함과 의로 교육하기에 유익하니 이는 하나님의 사람으로 온전하게 하며 모든 선한 일을 행할 능력을 갖추게 하려 함이라."

– 디모데후서 3:14-17

서론

당신이 목회를 준비하고 있음에 매우 감사한다. 사람들이 목사로 부름받고 준비된다는 것은 하나님이 그분의 교회를 사랑하신다는 분명한 신호다. 하나님은 우리에게 목자를 주신다.

나는 당신의 이야기를 모르지만, 내 경우에는 14세 때 복음 사역의 소명을 감지했다. 최악의 날들을 보낼 때조차도 목회 외에 다른 일을 하고 싶지 않았다. 나는 노스캐롤라이나주 모갠튼 훼이쓰장로교회의 청빙에 응해, 1985년 8월 18일에 목사 임명을 받았다. 목사로 임명된 이 날이 내게는 생일보다도 중요하다. 아내 린은 매년 축하 카드와 선물, 성대한 만찬으로 이 날을 기념해준다.

목사의 일은 예배 인도, 설교, 가르치기, 전도, 선교, 가정 심방 및 병문안, 상담, 멤버가 될 만한 사람들 초대하기, 리더 교육, 기금 모금, 교회 활동 인도 등 다양하다. 이 중에 어떤 일이든 하나를 단독으로 맡고 싶지는 않지만, 전체적으로 목회 사역은 매우 만족스럽고 업무의 다양성으로 인해 계속 힘이 난다.

목회에 대한 나의 열정은 어느 정도 하나님이 내게 주신 기질 덕이기도 하다. 가장 어려운 시기에 해결이 불가능한 문제를 맞닥뜨릴 때도, 나는 보통 즐겁게 지낸다. 슬픔과 절망으로 씨름하는 시간도 있었지만, 나는 하나님이 주신 삶과 사역을 즐겼다. 한번은 몹시 위태로운 지경에 이르러서 소명을 포기할 생각까지 잠깐 했었지만, 좋은 친구들이 나를 붙잡아 주었다.

내가 이 소명을 사랑하는 이유 중 하나는 내가 내 소명을 위해 준비된 방식에 있다. 내 아버지는 목사였고, 아버지는 자신의 사역에 나를 참여하게 하셨다. 아버지는 하나님의 백성들을 돌보는 법을 가르쳐주셨다. 신학교 입학 전과 신학생 시절에 나는 목사 후보생으로서 사역할 교회들을 배정받았다. 그런데 나는 처음 임명된 자리에서 사역을 시작했을 때 크게 놀랄 일이 없었다. 설교 준비, 심방, 상담, 적은 급여로 생활하기, 예산 부족, 부족한 돈으로 사역하기, 회의 참석, 교회 갈등, 비판과 불평하는 멤버들에게 대처하기 등 모든 일들을 이미 겪었기 때문이다. 임명된 첫해에 좌절을 겪었고 고통스럽기도 했지만, 예상하고 있었던 일들이었다.

물론 실망보다 즐거움이 훨씬 컸다. 하나님은 나에게 첫 교회로 가장 사랑스럽고 따뜻한 교회를 주셨다. 그러나 나는 "성공"은 일시적이며, 삶이나 사역의 그 어떤 시기라도 어려움이 없을 때는 없다는 것을 안다. 나는 복음주의 유산으로 인해 하나님의 나라가 전진하는 곳에서 사탄이 분노를 터뜨린다는 사실을 배웠다. 그러나 우리는 사탄을 우리가 겪는 시련의 원천으로 여길 필요가 없다. 시련은 타락한 세상에 있는 전형이고, 사랑하시는 하나님 아버지의 손에서 오는 것이며, 그분은 우리의 유익을 위해 우리를 훈련시키신다. 줄지어 회심하는 사람들, 회중의 하나 된 찬양, 잇따라 벌어지는 영적 승리를 내가 기대했더라면 그 후에 실망이 나를 억눌렀을 것이다. 그러나 나는 지식뿐만 아니라 경험을 통해, 더 제대로 알고 있었다.

어쩌면 당신의 상황은 그리 좋지 않을 수도 있다. 첫 회의에 참석했는데 당신이 진행자다. 아무도 교회 예산에 대해 말해주지 않았다. 당신은 신학교에서 유용한 설교학 수업을 들었을 수 있지만, 1년에 설교 몇 번을 하는 정도가 아니라 40-45편의 설교를 준비해야 한다. 주일 저녁 예배까지 있으면 그 두 배를 준비해야 한다. 당신의 가족은 당신의 적은 월급으로 생활하느라 힘겨워한다. 교회의 어느 직분자는 그의 딸과 불신자의 결혼식에서 당신이 주례를 서 주기를 바라는데, 이를 거절하면 그의 가족들과의 관계가 틀어지고 교회가 분열될지도 모른다. 당신이 한 부부와 마주 앉았는데 그들의 결혼 생활이 외도 때문에 파탄이 났다고 한다. 어떤 수업에서도 이런 일에 대비해 당신을 적합하게 준비시키지 못한다. 산더미 같은 낯선 일들에 파묻힌 당신은 적응할 시간도 없이 여러 상황들과 맞닥뜨린다. 신학교 동료들의 격려와 교수들의 조언이 가까이에 없으면 당신은 자신이 목회에 적합한지 의구심을 품을 것이다. 게다가 아내와 자녀들은 친구들과, 심지어 가족과도 멀리 떨어져 생활하면서 그들 몫의 시련을 감당하고 있다. 좌절, 혼란, 의심은 피할 수 없다.

당신은 하나님의 부르심을 오해한 것일까? 사역을 위한 현실적인 준비는 당신의 사역 첫해에 일어나는 의심과 두려움을 오랫동안 누그러뜨릴 수 있다. 당신이 목회의 길을 계획할 때 내 이야기와 생각이 당신에게 도움과 격려가 되기를 기도한다.

1980년에 나는 대학을 졸업하고 한 작은 교회(평균 출석 10명)의 목사 후보생 자리를 받아들였다. 처음으로 그 교회에 갔는데, 도착하니 구급차가 길 건너편 차도로 막 들이닥쳤다. 어떤 남자가 저녁을 먹다가 심장마비로 방금 사망한 것이다. 사망자의 나이 든 부모는 내가 섬길 새 교회의 멤버들이었다. 나는 구조요원이 그들의 아들에게 심폐 소생술을 시도하는 와중에 자기소개를 했고, 그들은 내 도움을 구했다. 조금 후에 나는 가정 폭력으로 인한 외상에 시달리는 두 가족을 상담하고, 얼마 전에 비극적인 사고로 십 대인 딸을 잃은 아버지를 만났다.

오랜 세월이 지나도 이런 상황들이 발생하면 나는 여전히 하나님 앞에 눈물로 나아간다. 나는 연락할 멘토가 있었고 목사 가정에서 자랐기에, 무엇을 해야 하는지 어느 정도 알고 있었다. 그렇지 않았다면 내가 어떻게 행동했을지 모르겠다. 그 '알지 못하는 것' 때문에 목회 사역이 절망적으로 느껴진다. 심지어 비참한 기분까지 느끼게 된다.

목회 사역 첫해에 당신은 새로운 관계를 맺게 되고, 그중 많은 것들은 당신이 알고 있던 것과 완전히 다르다. 당신의 현재 상황을 생각해보라. 당신과 아내는 굉장히 사교적일 수 있다. 지금까지 당신은 친구를 신중하게 선택했고, 그들에게 좋은 평가를 받았고, 비슷한 관점을 공유했다. 당신은 관심을 갖고 싶지 않은 사람들과 거리를 유지했다. 이런 방식은 당신의 첫 교회에서 끝이 난다.

당신은 교회 멤버들을 선택하지 않는다. 당신은 인생에서 가족 빼고는 처음으로, 당신이 고르지 않은 사람들과 가깝게 지내야 한다. 게다가 당신이 자기 자신과 자신의 능력에 대해 확신하지 못할 때 누군가가 당신의 일에 대해 비평한다. 때로는 가혹한 비평을 한다. 시간이 흐르면서 당신은 자신의 결점을 받아들이는 법을 배우지만, 출발점을 막 벗어났을 때는 온건한 비평에도 산산조각이 날 수 있다.

이 작은 책의 목표는 당신의 사역 첫해를 돕는 것이다. 이 책은 목회학 서적이 아니다. 당신이 볼 수 있는 훌륭한 목회학 서적은 많고, 내 책이 그보다 더 뛰어날 수 없다. 이 책 말미에 내가 오랫동안 친구로 삼아 온 설교 및 목양 관련 도서들을 "설교 및 목회학에 대한 추천 도서"에 실어 두었다. 이 책들을 당신에게 추천한다.

이 책은 하나님의 백성을 목양하는 방법을 다루는 포괄적인 책이 아니다. 그런 책도 역시 "설교 및 목회학에 대한 추천 도서" 목록에서 찾을 수 있다. 나는 당신의 순조로운 출발을 위한 몇 가지 극히 중요하고 기본적인 문제들에 집중하고자 한다. 무엇을 규정하기보다, 내가 유용하다고 생각하는 것들을 나누며 시사점을 주고 싶다.

우리는 설교, 목회, 행정, 자기 자신과 가족 돌보기 등의 네 가지 영역에 초점을 맞출 것이다. 이 영역들을 빼면 기독교 교육, 복음전도, 지역사회 아웃리치 같은 전통적인 카테고리가 눈에 띄게 된다. 나의 추론은 간단하다. 젊은 목사들은 너무 많은 것을 하려고 한다는 것이다. 그들은 새로 맡은 책임들에 압도당해서 새로운 프로그램까지 시작하려 한다. 그것은 실수하는 것이다. 그 대신에 우리는 기독교 교육, 복음전도, 지역사회 아웃리치를 설교와 목회적 돌봄이라는 일상적인 업무에 포함시킬 수 있는 방법을 찾아볼 것이다. 내 목표는 당신이 그 일들을 사랑하고 잘하는 방법을 배우면서 몇 가지 일에 집중하게끔 격려하는 것이다.

당신이 이 책을 신학교 졸업 전에 읽는다면, 나는 당신이 임명을 받기 전에 목회 준비를 극대화하는 몇 가지 전략을 소개하고 싶다. 당신이 이 책을 사역 초기에 읽는다면, 나는 당신이 맡은 책임들의 우선순위를 정하는 방법을 제시하고 싶다. 좋은 출발을 하는 데 있어 모든 것이 결정적인 역할을 하지는 않는다. 필수적인 것들에 집중하기 바란다.

나는 목사 안수를 받은 뒤 다섯 군데의 교회를 섬겼다. 두 곳은 큰 신학교가 근처에 있어서 멘토링을 받을 수 있었다. 덕분에 신입 목사에게 필요하지만 종종 신학교에서 습득하지 못하는 기술들을 식별하고 이해하는 데 도움이 되었다.

또한 단독으로 목회를 하는 기간도 있었다. 함께 사역할 교역자가 없거나 재정적인 자원이 부족한 경우였다. 하나님이 당신을 보내신 곳이 이런 곳이라면, 당신이 위축되거나 두려움까지 느낄 수 있을 것이다. 나는 당신에게 다른 시선으로 상황을 바라보라고 도전하고 싶다. 언제나 하나님이 공급하실 것을 신뢰하면서, 그곳이 당신에게 허락하는 기회를 잘 보고 회중을 돌보라. 당신은 평생의 열매 맺는 사역을 위한 최고의 훈련장을 가졌다.

목회의 첫해를 준비하면서, 당신이 나만큼이나 목사의 사역을 사랑하기 바란다.

"한 젊은이가 찾아와서 목회 소명을 받았다고 하면, 탁월한 삶의 실천과 하나님의 말씀의 요구에 따라 그를 엄격하게 시험해보라. 하나님에게 부르심을 받았다고 말하는 것만으로는 충분하지 않다. 그가 자신의 소명을 증명하게 하라."

– 대니얼 A. 페인 Daniel A. Payne1

"또한 너는 청년의 정욕을 피하고 주를 깨끗한 마음으로 부르는 자들과 함께 의와 믿음과 사랑과 화평을 따르라 어리석고 무식한 변론을 버리라 이에서 다툼이 나는 줄 앎이라 주의 종은 마땅히 다투지 아니하고 모든 사람에 대하여 온유하며 가르치기를 잘하며 참으며 거역하는 자를 온유함으로 훈계할지니 혹 하나님이 그들에게 회개함을 주사 진리를 알게 하실까 하며 그들로 깨어 마귀의 올무에서 벗어나 하나님께 사로잡힌 바 되어 그 뜻을 따르게 하실까 함이라."

– 디모데후서 2장 22-26절

"너희 중 장로들에게 권하노니 나는 함께 장로 된 자요 그리스도의 고난의 증인이요 나타날 영광에 참여할 자니라 너희 중에 있는 하나님의 양 무리를 치되 억지로 하지 말고 하나님의 뜻을 따라 자원함으로 하며 더러운 이득을 위하여 하지 말고 기꺼이 하며 맡은 자들에게 주장하는 자세를 하지 말고 양 무리의 본이 되라 그리하면 목자장이 나타나실 때에 시들지 아니하는 영광의 관을 얻으리라."

– 베드로후서 5장 1-4절

1장
목회 소명 이해하기

[목표]

복음 사역으로 부름을 받는 것이
당신에게 무엇을 의미하는지 신중하게 생각하기

• • •

시작하기에 앞서, 기본 사항인 목회 소명에 대해 먼저 살펴보도록
하겠다. 하나님의 부르심을 받지 않았다면 당신은 목회를 시작해서
는 안 된다. 당신이 전하는 모든 설교와, 모든 목회적 돌봄 사역과,
회중을 위한 모든 기도는 당신의 소명에 충실한 행위여야 한다.

당신이 이미 목사로 서임을 받았더라도 이 장을 읽어볼 것을 추
천한다. 경험이 많은 목사든 신입 목사든 하나님이 주신 소명의 무
게를 깊이 고민해야 한다. 그러나 하나님이 당신을 목회 사역으로
인도하고 계신다고 이제 막 감지하는 단계라면, 소명에 대해 신중
하게 생각하는 것이 특히나 중요하다. 가장 신실한 목사라도 삶과
사역에 대한 염려로 인해 한때 그의 사역을 특징지었던 가장 중요
한 것을 빼앗길 수 있다.

목회 사역으로 부름받는 것의 의미에 대해 생각하기에 나쁜 때란

전혀 없다.

나는 신입 목사들을 염두에 두고 이 책을 쓰고 있으므로, 결정적인 질문으로 이야기를 시작하도록 하겠다. "나는 목회 사역으로 부름을 받았는가?" 이 질문의 의도는 당신이 목사의 삶과 사역에 대해 기도하면서 신중하게 생각해보았는지 확인하라는 것이다.

당신이 확신하지 못한다면 나는 당신이 정말로 소명을 받았는지 판별할 수 있도록 도와주고 싶다. 합당한 부르심 없이 목회 사역에 임하면 당신과 당신의 가족, 하나님의 교회는 상처를 입을 것이다. 나는 당신이 이런 결말에 이르지 않길 바란다.

목회직에 대해 생각하기

목회 소명에 대해 이해하려면 먼저는 목회직에 대해 명확하게 생각해보아야 한다. 목사라는 직분은 어떤 성격을 지니는가?

먼저 성경에서 사역자들을 일컫는 호칭들을 살펴보는 편이 좋겠다. 각 호칭은 목회의 정수를 보여주는 창문 역할을 한다.

목사는 "장로"로서 교회 안에서 아버지의 역할을 감당하며, 그의 삶에는 성숙과 지혜, 경건한 성품이라는 특징이 드러나야 한다 (딛 1:5). 그는 "감독"으로서 교회의 일들을 능숙하게 관리한다(딛 1:7). 그는 "하나님의 비밀을 맡은 자"로서 말씀 사역과 성례를 경건하게 집행한다(고전 4:1). 그는 복음의 전령인 "전파하는 자"이며(롬 10:14-15), 죄인들에게 그리스도 안에서 하나님과 화목하라고 간청하는

"사신"이다(고후 5:20).

그는 또한 "목사와 교사^{pastor and teacher}"로 불린다(엡 4:11).

당신은 목자로서 하나님의 교회를 먹이고, 인도하고, 보호해야 한다. 당신은 동떨어진 안전한 장소에 지내면서 면책을 받을 수 없다. 오히려 하나님의 백성들과 같은 지역사회에 살고, 그들의 짐을 감당하고, 그들의 기쁨과 슬픔을 공유하면서 그들과 함께 지낸다. 그러면서 당신은 은혜의 보좌 앞에서 그들의 행복을 위해 계속해서 탄원한다. 당신은 목자 같이 양 떼를 먹이시며 어린 양을 그 팔로 모으시는 전능하신 하나님에게서 지시를 받게 될 것이다(사 40:11).

당신은 그들과 함께하면서 가르치고, 기도하고, 상담하고, 훈계하고, 격려할 것이다. 사역하는 동안 당신은 편지, 팟캐스트, 블로그, 이메일을 이용하는 방법을 배우게 되겠지만, 그것들은 그들과 물리적으로 함께하는 것을 대체하는 수단이 아니다.

목사는 목자이지만 그는 특별한 종류의 목자, 즉 "가르치는 목자"이다. 하나님은 말씀으로 양들을 모으고, 보호하고, 거룩하게 하고, 유지하신다. 당신은 강단이나 가정, 병원, 교도소 등 어디에 있든지 항상 가르치게 될 것이다.

목사의 시련에 대해 생각하기

문자 그대로의 실제 양들을 돌보는 목양^{牧羊}은 보람이 있지만 몹시

고된 일이다. 하나님의 교회를 목양하는 일도 마찬가지다.

나는 내 일을 사랑한다. 나는 다른 일에 종사하고 싶은 생각이 전혀 없고, 이보다 더 만족스러운 일은 상상조차 할 수 없다. 나는 당신도 나만큼이나 목회 사역을 즐겁게 하게 되기를 간절히 바라지만, 당신이 당신의 소명을 굳건하게 확신하지 않는 이상 그것은 불가능하다.

그 이유는 이렇다. 당신은 당신에게 도망가라고 유혹하는 시련, 고난, 영적인 적과 맞닥뜨리게 될 것이다. 역경은 피할 길이 없다. 하나님이 당신을 목회 사역으로 부르셨다는 것을 굳건하게 확신하지 않는 한, 당신은 비틀거리고, 지치고, 낙담하고, 실패할 것이다.

세례 요한은 기독교 목사가 아닌 구약의 마지막 선지자로서, 무오無誤한 하나님의 말씀을 전하라는 부르심을 받았다. 한 복음서의 저자는 그에 대해 이렇게 기술한다.

"하나님께로부터 보내심을 받은 사람이 있으니 그의 이름은 요한이라"(요 1:6).

세례 요한은 하나님의 부르심과 보내심을 받았다는 확신이 없었다면 광야의 궁핍한 환경 속에서 탈진하고 말았을 것이다. 또는 결과가 두려워 헤롯 왕과 헤로디아의 간음에 대해 회개하라고 설교하지 못했을 것이다. 혹시 의지력을 발휘해 그들에게 진실을 고했다 해도 나중에 헤롯의 감옥에서 고문을 받다 절망에 굴복하고 말았을 것이다.

요한이 당한 고난은 이례적으로 강도가 높아, 나와 당신이 겪을 고난의 수준을 한참 웃돈다. 그러나 당신의 사역은 실제로 고난을 수반하며, 하나님이 당신을 당신의 교회에 보내셨다는 사실을 확신하지 못한다면 당신은 사역 가운데 끊임없이 절망하다가 결국 시달려 탈진하고 말 것이다.

내적·외적 부르심에 대해 생각하기

하나님은 세례 요한을 독특한 방식으로 부르셨지만, 새 언약의 목사들은 그와 다른 방식으로 부르신다. 하나님은 목사들을 어떻게 부르시는가?

말씀의 학생들은 하나님의 부르심에 내적 측면과 외적 측면이 모두 있음을 오랫동안 목격해 왔다. 내적으로, 하나님은 그분이 부르시는 사람의 삶을 새롭게 바꿔 나가면서 일하신다. 외적으로, 하나님은 교회를 준비시키셔서 목사를 청빙하고 맞아들이게 하신다. 하나님의 부르심에 있어 내적 측면과 외적 측면을 분리시킬 수 없다. 당신은 소명을 발견하는 전 과정 속에서 자신의 삶을 점검하고 교회의 목소리를 들어야 한다.

당신의 삶을 점검하라. 하나님의 내적 부르심에 대한 증거가 있는가? 다음과 같은 사항들을 확인하라.

- 말씀 사역을 하도록 구별되는 자에게 요구되는 성경적인 자격 요건을 갖추었다는 사실에 대한 분명한 이해

- 성령께서 당신 안에 목회 사역에 임해야만 한다는 소명감을 일으키셨다는 인식
- 목회 사역을 완수하는 데 필요한 은사와 능력(진지하고 지속적인 연구를 할 수 있는 지적 능력, 이해하기 쉽게 가르치는 능력, 하나님의 백성에 대한 사랑), 그리고 복음 사역이 당신의 인생에서 가장 지배적인 일이 되어야만 한다는 확신

교회의 목소리 듣기. 외적인 부르심은 무엇인가? 당신의 삶을 점검하면서 교회의 목소리에도 귀를 기울이라. 당신이 목회 사역을 위해 부르심 받았다는 데에 장로들도 동의하는가? 그들은 당신을 목사 후보로 노회에 기꺼이 추천하는가? 신학교 교수들은 당신이 지적 은사와 목사로서의 경건한 태도를 지녔다고 보는가? 교회들이 당신에게 설교와 가르침 등 목사로서 사역할 기회를 제공하는가? 그들은 당신이 하는 사역의 영적인 가치를 확신하는가? 검증 기간이 끝난 뒤 당신을 목사로 청빙하는 교회가 있는가? 당신의 소명은 노회가 교회의 요청을 승인할 때 비로소 완성된다.

목사의 성품과 역량 생각하기

이제 당신이 반드시 갖추어야 할 성품과 역량에 대해 생각해보자. 디모데와 디도는 각각 에베소 교회와 그레데 교회를 섬기도록 파견된 젊은 목사들이었다. 바울은 디모데에게 보낸 두 통의 편지와 디

도에게 보낸 한 통의 편지에서 하나님이 인정하시는 목사와 사역의 양상을 규정한다.

디모데전서 3장 1-7절과 디도서 1장 5-9절에 사역자의 자격에 대한 구체적인 목록이 등장한다. 이 본문들을 읽으면서 당신의 소명의 내적인 측면과 외적인 측면에 대해 곰곰이 생각해보라.

"미쁘다 이 말이여, 곧 사람이 감독의 직분을 얻으려 함은 선한 일을 사모하는 것이라 함이로다 그러므로 감독은 책망할 것이 없으며 한 아내의 남편이 되며 절제하며 신중하며 단정하며 나그네를 대접하며 가르치기를 잘하며 술을 즐기지 아니하며 구타하지 아니하며 오직 관용하며 다투지 아니하며 돈을 사랑하지 아니하며 자기 집을 잘 다스려 자녀들로 모든 공손함으로 복종하게 하는 자라야 할지며 (사람이 자기 집을 다스릴 줄 알지 못하면 어찌 하나님의 교회를 돌보리요) 새로 입교한 자도 말지니 교만하여져서 마귀를 정죄하는 그 정죄에 빠질까 함이요 또한 외인에게서도 선한 증거를 얻은 자라야 할지니 비방과 마귀의 올무에 빠질까 염려하라"(딤전 3:1-7).

"내가 너를 그레데에 남겨 둔 이유는 남은 일을 정리하고 내가 명한 대로 각 성에 장로들을 세우게 하려 함이니 책망할 것이 없고 한 아내의 남편이며 방탕하다는 비난을 받거나 불순종하는 일이 없는 믿는 자녀를 둔 자라야 할지라 감독은 하나님의 청지기로서 책망할 것이 없고 제 고집대로 하지 아니하며 급히 분내지 아니하며 술을 즐기지 아니하며 구타하지 아니하며 더러운 이득을 탐하지 아니하며 오직 나그네를 대접하며 선행을 좋아하며 신중하며 의로우며 거룩하며 절제하며 미쁜 말씀의 가르침을 그대로 지켜야 하리니 이는 능히 바른 교훈으로 권면하고 거슬러 말하는 자들을 책망하게 하려 함이라"(딛 1:5-9).

이러한 목사의 자질에 대해 구체적으로 살펴보자.

회심

목사는 "갓 회심한 자"(딤전 3:6, NIV 성경 참조)[1]여서는 안 되지만, 반드시 회심한 자여야 한다! 회심하지 않은 목사는 무익한 목사보다도 더 나쁘다. 회중의 존립 자체를 위협하기 때문이다. 기도하지 않는 것, 하나님의 일과 하나님 백성의 영적 안녕에 관심을 갖지 않는 것은 하나님이 혐오하시는 일이다.

당신은 회심했는가? 당신은 예수 그리스도 안에 있는 하나님의 자비가 없이는 타락하고 사형 선고를 받은 처지임을 분명히 이해하는가? 당신은 스스로의 행위로 구원을 받으려고 하는 모든 소망을 버렸는가? 당신은 구원을 위해 오직 구원자 주님의 의로우심과 보혈만을 신뢰하는가? 당신은 날마다 하나님의 용서와 성령의 새롭게 하시는 능력이 당신에게 필요함을 깨닫는가?

---

1. 역자주 : 개역개정 성경에는 "새로 입교한 자"

당신이 하나님의 교회에서 성찬을 받는 멤버로서 받아들여졌을 때 교회 장로들은 당신을 점검했다. 그들은 당신의 믿음과 회개의 분명한 증거를 찾았다. 이제 당신은 목사 안수를 받을 때까지, 모든 과정(장로회와의 첫 만남부터 지역 교회의 부름에 이르기까지)에서 신뢰할 만한 믿음과 회개의 간증을 요청받을 것이다.

열망

"사람이 감독의 직분을 얻으려 함은 선한 일을 사모하는 것이라"(딤전 3:1).[2]

당신은 하나님의 교회를 목양하려는 내적 충동이 있는가? 목회가 당신의 마음을 결정하는가? 당신은 "만일 복음을 전하지 아니하면 내게 화가 있을 것이로다"(고전 9:16)라는 바울의 간증에 공감할 수 있는가?

누군가는, 다른 일에 종사할 수 있는 사람은 목회를 해서는 안 된다고 주장했다. 이 말은, 당신이 소질이 없어서 다른 직업으로는 도저히 먹고 살 수 없어야 한다는 뜻이 아니다. 정말 그렇다면 우리 목회자는 매우 불쌍한 자들의 집단일 것이다. 위 주장의 참뜻은 하나님의 부르심에 따라 목회를 해야 하는 당신은 복음 사역 이외의 직종에 결코 만족할 수 없다는 뜻이다.

---

2. 장로교에서는 다스리는 장로(하나님의 교회를 다스리는 장로)와 가르치는 장로(다스리면서 가르치는 장로)가 구별된다. 목사는 후자의 역할을 감당한다. 이러한 구분은 중요하지만 이번 장에서는 다루지 않는다.

나는 교역자 면접을 볼 때 언제나 하나님과 목회 사역을 사랑하는 사람을 찾는다. 그 이유는 단순하다. 하나님이 누군가를 복음 사역으로 부르실 때, 그의 마음에 목회 사역을 사랑하는 마음을 주시기 때문이다. 부르심을 받은 이는 그 열정을 분명하게 자각하며, 그를 청빙하는 교회에도 그 열정이 분명하게 보여야 한다.

숙련된 리더십

"(목사는) 자기 집을 잘 다스려 자녀들로 모든 공손함으로 복종하게 하는 자라야 할지며 (사람이 자기 집을 다스릴 줄 알지 못하면 어찌 하나님의 교회를 돌보리요)"(딤전 3:4-5).

이 말씀에서는 자녀들을 하나님 경외함과 그분의 교훈으로 양육하라고 요구하고 있지만, 그보다 더 많은 의미를 내포하고 있다. 고대의 많은 가정들이 사업 운영, 복잡한 금전 계약, 직원(가정 노예) 감독 같은 업무들을 처리했다. 자기 집의 이런 업무들을 제대로 관리하지 못하는 사람은 하나님의 교회를 제대로 관리할 리가 없다.

당신이 맡는 모든 업무, 당신이 공부하는 모든 과목, 당신이 양육하는 모든 자녀는 리더로서의 당신의 자질을 반영한다. 당신은 사역을 준비하면서 이런 여러 일들의 경력을 쌓아 간다. 당신은 이러한 도전 과제들을 능숙하게 처리해 내는가? 당신의 교회와 장로회는 당신의 역량을 인정하는가?

목사 후보생들이 삶에서 특히 어려워하는 영역 한 가지를 생각해 보면 도움이 된다. 그것은 신학 공부를 하면서 가족을 재정적으로 부양하는 일이다. 이 벅찬 시간을 무사히 보내면서 빚 없이 신학교를 졸업하는 것은 당신이 가족과 교회를 잘 관리할 수 있다는 하나의 지표다.

당신을 청빙하는 교회는 세상에서 "시장성이 높은 기술"이라고 여기는 능력을 당신에게 기대할 권리가 충분히 있다는 사실을 명심하라. 즉 당신은 사람들을 모으고, 양육하고, 하나님의 교회를 굳건히 세울 줄 알아야 하고, 예산에 맞는 돈을 마련할 수 있어야 한다. 이런 능력을 갖추지 못한 사람을 청빙하는 교회는 부주의한 교회일 뿐이다.

성품

당신의 성품은 중요하다. 목사는 "책망할 것이 없[어야]" 하는데 (딤전 3:2), 이는 잘못된 교리나 수치스러운 행동으로 인해 비난을 사지 않는다는 의미이다.

따라서 다음의 구절들을 읽으면서 이 말씀(딤전 3:1-7; 딛 1:5-9)이 나의 성품에 해당하는지 자기 자신에게 물어보라. 나는 절제하고, 신중하며, 제 고집대로 하지 않고, 급히 분내지 않고, 구타하지 않고, 돈을 사랑하지 않는 사람인가? 나는 나그네를 대접하며 선행을 좋아하는가? 내가 비록 죄인이지만 하나님의 은혜로 의롭고, 거룩하고, 절제하는 사람인가?

지면 관계상 이 덕목들에 대해 일일이 살펴볼 수는 없다. 그러니

디모데전·후서와 디도서를 다룬 좋은 주석을 참고하도록 하라.[3]

관계

성품 가운데 특히 주의를 기울여야 하는 항목이 하나 있다. 이것은 굳건하고 건전한 관계다. "한 아내의 남편"(딤전 3:2)이란 표현은 목사가 아내에 대해 정조를 굳게 지켜야 한다는 것을 뜻한다. 간음과 음란물 탐닉 등은 모두 사역자에게 매우 부적절한 행위다. 둘 중 어느 쪽에라도 해당되는 사람은 하나님의 축복을 기대할 수 없다.

또한 목사의 삶은 사적으로나 공적으로 분별력 있고 절제하는 삶이다. 삶과 사역에서 불가피한 갈등은 일어나지만 목사는 언쟁 중에서도 침착함을 유지해야 한다. 그는 말다툼하지 않으며 분노에 찬 말투를 싫어한다.

목사의 관계는 교회 안팎에서 건전해야 한다. 기독교 목사는 공적인 인물이다. 목사는 그가 사는 지역사회에 알려져 있다. 그는 지역사회의 활동 중에, 쇼핑센터에서, 학교에서, 체육대회에서 사람들과 교류하게 된다. 그가 접촉하게 될 사람들 중 상당수는 그리스도인이 아닐 것이다. 그는 그들과 좋은 관계를 형성해야 한다. 그는 "외인에게서도 선한 증거를 얻은 자"로서 살아간다(딤전 3:7).

여기서 잠깐 멈추고 곰곰이 생각해보라. 당신은 교회 안팎에서

---

3. 내가 추천하는 주석은 다음과 같다. *A Commentary on 1 and 2 Timothy* (Grand Rapids: Zondervan, 1956), and George W. Knight, *The Pastoral Epistles: A Commentary on the Greek Text*, NIGTC (Grand Rapids: Eerdmans, 1992).

성적인 정결함, 상냥한 말투, 선의를 지닌 사람으로 알려져 있는가?

교사로서의 역량

목사는 "가르치기를 잘하며"(딤전 3:2), "미쁜 말씀의 가르침을 그 대로 지켜…능히 바른 교훈으로 권면하고 거슬러 말하는 자들을 책 망"할 수 있어야 한다(딛 1:9). 목회 사역을 준비하는 내내 당신은 가 르치는 은사를 개발하게 된다. 당신이 가르치는 회중이 (그리고 당신의 설교를 듣는 목사들과 교수들이) 당신의 은사를 확신하는가? 당신에게 가 르치는 은사가 있다는 가장 확실한 표지 중 하나는 사람들이 당신 의 가르침을 듣고 싶어 하는 것이다.

결론

목회 소명을 확신하기 위해 하나님의 음성이나 환상을 기대하지 말 라. 하나님은 그분의 사역을 할 사람을 그런 식으로 부르지 않으신다.

하나님이 당신에게 목회에 필요한 은사를 주셨음을 확신하기까 지 많은 시간이 걸릴 것을 예상하고서, 당신의 삶을 점검하고, 기술 을 숙련시키고, 교회를 찾아보라.

스스로에게 오래 참으라. 성경을 신중하게 연구하라. 신자들의 조언을 받아들이라. 당신이 하나님의 교회를 섬기는 데 필요한 은 사와 은혜를 항상 구하고 당신의 삶과 사역을 훼손시키는 죄를 죽 이면서 하나님 앞에 계속 기도로 나아가라.

"말씀 사역에 수고하도록 부르심을 받은 사람들은 때를 얻든지 못 얻든지 부지런히 바른 교리를 설교해야 하며, 사람의 지혜의 말이 아닌 성령의 나타남과 능력으로 명확하게 설교해야 하며, 하나님의 모든 뜻을 알게 신실하게 설교해야 하며, 청중의 필요와 이해 능력에 적용시켜 지혜롭게 설교해야 하며, 하나님과 그의 백성의 영혼들에 대한 뜨거운 사랑으로 열심을 품고 설교해야 하며, 하나님의 영광과 그들의 회심, 건덕, 구원을 목적으로 진실되게 설교해야 합니다."

- 웨스트민스터 대요리문답 159문

"윌버 채프먼 박사는 목사에게 발생하는 장애물에 대해 이렇게 말했다. '시련이 많고, 짐이 무겁고, 눈물이 앞을 가리고, 마음은 찢어질 때, 대개 목사는 효과적인 설교가 가능함을 경험하게 된다.'"

- 윌리엄 차일즈 로빈슨 William Childs Robinson 2

"망령되고 허탄한 신화를 버리고 경건에 이르도록 네 자신을 연단하라 육체의 연단은 약간의 유익이 있으나 경건은 범사에 유익하니 금생과 내생에 약속이 있느니라."

- 디모데전서 4장 7-8절

"너는 진리의 말씀을 옳게 분별하며 부끄러울 것이 없는 일꾼으로 인정된 자로 자신을 하나님 앞에 드리기를 힘쓰라."

- 디모데후서 2장 15절

2장
강단 사역 준비하기

[목표]
설교를 준비할 수 있도록 당신의 삶과 연구에 질서 잡기
당신의 설교 은사를 개발하기 위한 모든 기회 붙잡기

• • •

당신은 설교를 할 줄 알아야 한다. 그저 서서 말하는 정도가 아니라 설교를 잘해야 한다. 당신은 하나님의 전령이며 그리스도의 대사^{大使}다. 설교는 목사의 가장 두드러지는 사역이기 때문에 설교를 할 수 없는 사람은 목사가 되어서는 안 된다. 내 목표는 당신이 첫 교회에 부임하기 전에 설교할 준비를 갖추는 것이다.

다음 장에서는 설교 준비에 대해 살펴볼 것이다. 그러나 이번 장에서는 당신이 목사로 임명되기 전에 해야 할 일인 강단 사역 준비에 대해 생각해보자. 나는 교육, 멘토, 설교 기회, 설교 피드백에 주의를 기울일 것을 강력히 추천한다.

적합한 교육을 받으라

당신이 대학 진학을 앞둔 고등학생이라면 이렇게 조언해주고 싶다. 대학 4년 동안 최대한 많은 영역들을 탐구할 수 있는 인문과학 대학에 진학하라. 나는 대학 시절에 정치학, 역사, 문학, 철학 등의 교양 과목을 수강하면서 각 영역에 대해 일생 동안 관심을 갖게 되었고, 하나님이 창조하시고 우리 교회 교인들이 그 속에서 살고 일하는 이 복잡한 세상에 대한 이해가 깊어지게 되었다. 교육을 통해 나는 내가 속한 지역과 국가를 문명의 정점이나 인간 타락의 밑바닥으로 여기는 오류에 대한 면역력을 기르게 되었다.

균형 잡힌 인문학 교육은 글이나 말로 효과적으로 의사를 전달하는 기술을 중요하게 여긴다. 엄격한 기준을 가진 까다로운 강사를 피하지 말고, 오히려 그런 강사를 찾으라. 수준 미달의 강사와 쉬운 수업에 시간을 낭비하는 것은 너무나 아까운 일이다. 형편없는 수업을 듣고 졸업해봐야 입학 때와 별반 다르지 않은 수준으로 사역을 준비하게 될 것이다. 학생에게 많은 것을 요구하는 교수는 하나님의 선물이다. 그런 교수를 만나면 당신은 평생 진지한 연구와 해석을 할 준비를 갖출 수 있다.

나는 내가 이수한 학부 교육에 만족한다. 그렇지만, 만일 학부 때로 돌아갈 수 있다면 바꾸고 싶은 몇 가지 수업이 있다. 2년 반 동안 공부한 프랑스어 대신 목회 사역 연구의 근간이 되는 성경 헬라어와 히브리어를 공부할 것이다. 나를 비롯한 많은 목사들에게 성경

언어는 신학교에서 배우는 가장 어려운 공부 중 하나다. 초중등 교육에서는 헬라어를 배울 수 없으므로 대학교에서 헬라어를 배웠다면 이상적이었을 것이다.

성경에서 사용하는 언어를 배우는 동시에 신학 과목들을 수강하는 것은 건물의 기초를 놓는 동시에 건물을 세우는 격으로, 이것은 어떤 건축업자라도 터무니없다고 할 일이다. 가능하다면 신학교에 들어가기 전에 성경 언어를 먼저 배울 것을 적극 추천한다.

마지막으로, 게으르고 산만하고 성의 없는 태도로 공부하는 대학생들에게 말한다. 학부 수업을 대충 듣는 사람은 대학원에 가서도 진지하게 공부하지 않는다. 더욱 중요한 점은, 그런 사람은 평생 하나님의 말씀을 진지하게 연구하지 않으며, 목사로 섬기기에 부적합한 자이다. 부디 그런 사람이 되지 말라!

진학할 신학교에 관한 전략을 세우라

신학교에 진학할 생각을 하고 있다면 건전한 신학과 경건한 삶, 목회 경험으로 잘 알려진 교수진이 구성되어 있는 학교를 찾아보라. 목회 경험이 있는 교수들은 당신이 수업 시간에 배우는 내용과 교회에서의 실천적인 적용을 연결시킬 수 있게 도와줄 것이다. 신학교를 선택하는 방법에 대해서는 뒤에서 더 자세하게 다루도록 하겠다.

신학교에 진학하면 당신의 사역 준비를 극대화할 일과와 습관을 정립하라. 다음의 다섯 가지 전략에 특히 집중하라.

① **새로 등록할 교회를 신속하게 찾으라.** 주일을 지키고, 강단에서 선포되는 말씀을 듣고, 성찬에 참여하고, 하나님의 백성을 보살피고 보살핌 받는 것은 당신의 영적 건강과 당신의 가족을 위해(당신이 기혼자일 경우) 반드시 필요하다. 교회를 알아보는 시간이 너무 길면 안 된다.

적응하기 매우 힘들 수 있지만 낙담하지 말라. 이것은 목회 준비의 일환이다. 모든 목사들은 새로 등록한 교회에 적응하려고 애쓰는 사람들을 대상으로 사역한다. 몇 년이 지나면 당신도 그래야 할 것이다. 그러니 지금 당신과 당신의 가족이 겪는 교회 적응의 어려움은 장래의 목회를 미리 대비하는 과정이다. 이런 어려움을 통해 하나님은 당신을 공감할 줄 아는 목자로 만들어 가신다.

② **당신의 공부 때문에 경건 생활에 방해를 받으면 안 된다.** 나는 프린스턴 신학교 1학년 때 우연히 B. B. 워필드의 "신학생의 신앙생활"이라는 글을 읽고 신학생으로 지내는 동안 아마도 가장 유용했던 충고를 얻었다. "당신이 책을 향하는 시간이 하나님을 향하는 시간이 되게 하라."[1] 책 한 권을 펼치기 전에, 당신에게 은혜가 필요하며 당신이 그 책을 읽으면서 하나님의 성품에 대한 지식이 증가해야 한다는 사실을 더욱 절실히 깨닫게 해달라고 하나님께 기도하라. 하나님의 말씀과 세상을 더욱 깊이 이해하기 위해 책을 읽으라.

---

1. Benjamin Breckinridge Warfield, "The Religious Life of Theological Students," *The Master's Seminary Journal 6*, 2 (Fall 1995): 182, https://www.tms.edu/m/tmsj6g.pdf (accessed September 18, 2017).

책을 읽는 내내 찬양하고, 감사하고, 고백하고, 회개하고, 새로워지도록 하라. 이렇게 함으로써 당신은 하나님의 영광을 향하는 꾸준한 공부 습관을 수립하게 될 것이다.

③ **공부 시간을 사수하라.** 많은 신학생들이 공부 시간을 사수하는 데 실패한다. 시간을 오용하면 당신은 목회를 제대로 준비하지 못한 채 신학교를 마칠 것이다. 당신이 지금 놓친 것을 혹시 나중에 배울 수 있다고 해도 막대한 기회비용을 치러야 한다. 당신은 처음부터 가질 수 있었던 것을 얻으려고 수년간 무익한 노력을 해야 한다.

당신은 학교와 교회에서 여러 가지 형태로 섬겨 달라는 부탁을 받게 된다. 부탁에 응하기 전에 당신의 공부 시간을 확보할 수 있는지 먼저 확인하라. "해야 할 일을 하라. 그 다음에 하고 싶은 일을 하라."는 옛 속담을 명심하라.

당신의 공부와 하나님을 섬기는 일이 충돌한다고 생각하려는 유혹에 굴복하지 말라. 지금 당신이 주로 해야 할 영역은 바로 공부다. 섬겨야 할 다른 영역이 있는가? 기꺼이 섬기되, 먼저 학업에 종사할 수 있는지 확인한 다음에 섬기라.

④ **지출에 유의하라.** 대부분의 경우 가족 간에 재정 문제로 충돌하는 원인은 금전 부족보다도 부주의한 지출에 있다. 많은 신학생과 그들의 배우자가 재정에 대해 신중하게 생각하지 않는다. 그로 인해 관계 악화, 과로, 때로는 신학교 중퇴와 목회 소명 포기라는 끔찍한 결과까지 일으킬 수 있다. 수입보다 적게 지출하라. 예산을 세우고 이를 엄수하라. 당신이 지출해야 할 항목을 미리 계획하고 적

어 두라. 어떻게 해야 할지 모르겠으면 도움을 요청하라. 이런 작업은 빨리 할수록 좋다.

빚 때문에 도저히 목회 준비를 계속할 수 없어 목회 소명을 포기할 수밖에 없게 된 사람들의 이야기를 들으면 마음이 몹시 아프다. 지금 재정 관리의 기초를 배우고, 평생 그 열매를 거두라.

⑤ **당신이 공부할 때, 가족과 시간을 보낼 때, 하나님과 함께 있을 때 주의를 산만하게 하는 것들을 제거하라.** 공부할 시간을 정했으면 그 시간에 온전히 집중하라. 이메일을 비롯한 모든 알림을 끄고, 핸드폰을 무음 모드로 돌리고, 인터넷 서핑을 하지 말라.

집으로 돌아가면 아내와 자녀들에게 온전히 집중하라. 핸드폰, 책, 컴퓨터는 치워 두라.

개인 경건 시간에는 온전히 하나님과 말씀에 집중하라.

주의를 산만하게 하는 요소를 제거하고 앞에 놓인 일에만 집중하면 당신은 깜짝 놀랄 정도로 학업과 관계에서 성과를 거두고 성장하게 될 것이다.

신학교에서 맞닥뜨리게 될 일정한 분량의 기회와 시련이 있다. 당신이 신학교에서 배운 내용은 당신의 첫 교회에까지 따라간다. 굳게 결심하고 위의 습관들을 자기 것으로 만들라. 그러면 그 습관들은 사역 내내 당신의 동반자가 될 것이다.

좋은 멘토를 찾으라

대학과 대학원을 다니는 동안에 다닐, 강단 사역과 목회적 돌봄에 대한 기준이 높고 기꺼이 당신과 일하고 싶어 하는 목사의 교회를 찾으라. 그의 지도 아래에서 당신은 목회 사역에 대한 모든 것을 배우게 될 것이다. 또한 그는 당신이 대학원에 다니는 동안 말씀의 사역자가 될 준비를 하는 데에도 도움을 줄 것이다.

매주 훌륭한 설교와 가르침을 듣는 자리에 있는 것은 더없이 값진 경험이다. 매주 당신은 다른 모든 사람들과 마찬가지로 말씀으로 양육받기를 갈망하며 교회에 간다. 하지만 당신은 교육 이상의 것을 받게 될 것이다. 당신이 다니는 교회의 목사는 매주 당신에게 설교의 본보기가 된다. 그러니 어떤 목사의 설교를 들을지 신중하게 고려하라. 그 목사의 개인적인 본을 따르면 하나님의 말씀을 더욱 효과적으로 전하는 설교자가 될 수 있겠는지 생각해보라.

지역 교회를 섬기는 대학원 교수들도 롤모델이 될 수 있다. 그들은 열정적인 목회 사역과 가르침에 대해 높은 기준을 갖고 있는 경우가 많다. 당신의 학교 안에도 이런 경우에 해당하면서 당신과 함께 일하고 싶어 하는 교수가 있는가?

좋은 멘토의 중요성은 아무리 강조해도 지나치지 않는다. 나는 목회학 교수로서 목회 사역에 대해 학생들에게 가능한 최고의 교육을 제공하고 싶다. 강의 교재를 신중하게 선택하고, 학생들이 그들의 첫 교회를 능숙하게 섬길 수 있을 정도로 구비되게끔 강의를 구성한다. 그러나 나는 내 아버지만큼 학생들에게 좋은 본보기가 되지는 못한다. 아버지는 날마다 신실하게 하나님의 교회를 섬기는 본을 보이셨다. 나에게 아버지는 아버지인 동시에 멘토이셨다. 나는 노련한 멘토이자 목사가 제공할 수 있는 실천적인 훈련을 대체해줄 수 없다.

그러니 당신의 멘토를 주의 깊게 보고, 그에게 질문하고, 그의 말을 경청하라. 그들의 삶을 깊이 관찰하라.

훌륭한 설교자가
설교를 어떻게 구성하고 전달하는지 관찰하라

1979년 어바나 콘퍼런스에 참석했던 나는 존 스토트 목사의 로마서 설교를 들으며 탄복했다. 그의 강해설교 스타일은 본받을 만한 가치가 있었다. 실제로 나는 존 스토트 목사처럼 설교를 하겠다고 (최소한 노력은 하겠다고) 굳게 다짐했고, 그 이후로 존 스토트는 나의 롤모델이 되었다.

부지런히 읽으라

마틴 로이드 존스 목사의 에베소서 강해설교로 인해 나는 성경의 각 권들을 통한 강해설교가 하나님의 모든 뜻을 선포하는 가장 효과적이고도 유일한 길임을 확신하게 되었고, 37년간 그런 방식으로 설교해 왔다. 윌리엄 차일즈 로빈슨의 걸작인 《십자가의 말씀》*The*

*Word of the Cross*은 그리스도와 그분의 사역에 집중하여 설교하는 법을 내게 보여주었다.

하나님이 크게 사용하신 사람들의 삶을 연구하라. 전도사로서 사역을 시작할 무렵에 나는 아버지의 친구 한 분에게 아놀드 델리모어가 쓴 두 권짜리 조지 휫필드 전기를 받았다. 그때부터 목사와 선교사들의 훌륭한 전기와 자서전을 읽는 습관을 갖게 되었다. 전기 한 권이 끝나면 다른 전기를 찾아 읽는다. 이런 책들을 읽다 보면 당신이 목회를 하면서 맞닥뜨리는 어려움이 전혀 새로운 종류가 아니라는 사실을 알게 된다. 다른 이들도 그런 어려움을 겪었고 견뎌 냈다. 당신도 그렇게 견뎌낼 것이다. 당신은 그들의 성공과 실패를 통해 배운다. 당신은 대대로 하나님의 백성들을 섬겨 온 신실한 목사들과 어깨를 나란히 하게 될 것이다.

설교할 기회를 찾으라

나는 1980년에 대학을 졸업하자마자 1970년형 쉐보레 임팔라에 모든 짐을 싣고 첫 교회로 향했다. 전도사였던 나는 테네시주 안에 흩어져 있는 네 군데의 시골 교회를 섬겼다. 그해에 나는 90여 차례의 설교를 했다. 신학교에 다니면서 시골 교회 두 군데를 더 섬겼고, 매 주일마다 두세 번씩 설교를 했다. 현장 경험을 통해 나는 복음 사역에 필요한 모든 것은 하나님이 공급하신다는 확신을 갖게 되었다.

신학교를 고를 때 많은 요소를 고려해 결정해야 한다. 자주 설교할 기회를 얻기에 적합한 곳인지도 고려해야 한다. 내가 일하는 신학교의 장점 중 하나는, 목사가 없어 사역자를 모집 중인 교회들에 학생들을 정기적으로 보내 설교단에 세운다는 것이다. 우리 학교 학생들은 기회를 얻고, 피드백을 받고, 믿음으로 수고함으로써 졸업한 뒤에 부임하는 첫 교회에서 설교할 준비를 갖추게 된다. 또한 학생들에게 강단을 내어주는 교회들은 새 목회자의 젊음과 경험이라는 유익을 누리게 된다!

설교 실습 과목을 수강하고 전도사 사역 기간 동안 간헐적인 설교를 하는 것도 좋은 기회가 되겠지만, 신학교를 다니면서 1년에 30회 이상 설교를 하는 경험과 비교할 수는 없다. 당신이 설교할 수 있는 빈 강단을 찾아 섬기라. 교도소와 요양원으로 가라. 학교들의 채플 시간표를 찾아보라. 청소년 주일학교 수업을 살펴보고, 아이들을 가르치라. 무엇이 되었든 당신이 설교를 할 수만 있다면 설교하라. 설교할 강단이 여의치 않다면, 교사로 가르치라.

말하기 재능을 개발하라

신학교 입학 전후에 설교할 기회를 가능한 많이 획득하라.

교회 밖에서도 기회를 얻을 수 있을지 눈여겨보라. 토론 동아리나 토스트마스터즈Toastmasters(스피치 클럽의 하나―역자주) 등에 가입해, 다수의 청중을 대상으로 연설하는 체험을 해보라. 그룹 피드백을 요청하라. 산발적인 연설 경험만 가지고 첫 교회에 가는 것은 현명하지 못한 행동이다. 왜 최대한 많은 경험을 쌓지 않은 채로 첫 강단에 서려고 하는가?[2]

신학교 마지막 학기가 되면 당신은 첫 사역을 할 교회에 이력서를 보낼 것이다. 수많은 책임을 단독으로 떠맡는 목사가 된다는 생각이 당신을 위축시킨다. 그렇다면 교역자로 지원해 경험을 더 쌓지 않겠는가?

교역자로 지원하는 것은 당신에게 유익한 결정일 수 있다. 큰 교회의 교역자로 섬기면 교회 행정과 교역자 관리를 배우고, 동료 사역자들과의 동료애와 선배 목사들의 멘토링을 누리고, 당신의 미래 사역을 준비하는 값진 기회를 얻을 수 있다. 이런 장점들은 당신에게 리더십 경험이 별로 없었을 경우 특히 큰 의미가 있다.

그러나 단독 목회를 섣불리 포기하지 않기를 바란다. 소형교회에서 시작하면 실질적인 이익들이 있다. 당신은 일주일에 한 번 이상은 설교를 할 것이다. 신학교 졸업생들이 대형교회의 교역자로 들어갔다가 설교할 기회를 거의 갖지 못할 때가 있다. 후에 그들이 단독 목회를 하거나 담임목사가 되면 그들은 신학교를 갓 졸업했을 때에 비해 그다지 발전하지 못한 채 책임을 감당해야 한다. 단독 목

---

2. 내가 속한 교단에서는 엄격한 기준을 충족시킬 경우에만 설교할 자격을 부여하기 때문에 신학교에 입학하지 않은 젊은이들은 설교할 기회를 갖기가 어렵다. 설교 자격 부여와 안수에 대한 기준을 하향 조정해야 한다는 뜻은 결코 아니다. 그러나 나는 단독으로 사역하는 목사가 정규적인 설교 경험 없이 사역을 시작하는 것은 좋지 않다고 확신한다. 자격 부여와 안수 기준을 엄격하게 유지하면서 목사 후보생 초기에 설교의 재능을 개발하는 방법 중 하나는 멘토 목사가 그의 교회에서 사역하는 목사 후보생에게 특정한 설교를 하게 하는 것이다. 이렇게 하면 교리적 기준을 유지하면서 목사 후보생들에게 소중한 설교 경험을 쌓게 할 수 있다.

회를 하면 매우 벅차기는 해도 강단에서 매우 많은 시간을 보내게 된다. 이러한 장점을 진지하게 고려해보라.

단독 목회의 또 다른 이점은 회중 전체를 대상으로 목회하는 포괄적인 목회 경험을 갖게 된다는 것이다. 교역자로 사역하면 당신이 주로 담당하는 부서, 곧 청년부나 장년부 등 교회 내의 특정한 회중으로 사역 범위가 제한되는 경우가 자주 있다.

나는 목회 사역 대부분의 기간 동안 담임목사로 섬겼다. 나는 부목사를 구할 때 담임목사직에 관심을 가진 목사를 채용하고 싶어 한다. 나는 지원자들에게 그들의 담당 분야에서 유능한 리더십을 발휘할 경우, 그들에게 목회 사역을 구성하는 각각의 주요 영역들을 포괄적으로 경험할 기회를 주겠다고 제안한다.

예를 들어 우리 교회의 부목사가 청년들과 가족들 대상의 프로그램을 포함해 청년 사역과 가정 사역을 담당한다고 하자. 그는 자신이 담당한 부서를 얼마나 훌륭하게 이끄느냐에 따라 그의 임기가 결정될 것이다. 나는 부목사에게 그가 판단하기에 적절한 만큼 담당하는 영역을 조직하고 관리하는 기회를 폭넓게 부여한다. 새 부목사가 어떤 영역에서 역량을 증명하면 나는 그를 주일 저녁 예배 설교, 교회 재정에 대한 경험을 쌓을 수 있는 각종 위원회, 교회의 주요 캠페인, 구제 사역 등 다른 영역으로 전환시켜 다른 일을 책임지게 한다. 그는 사역 처음부터 나와 함께 병문안과 심방을 다니면서 혼자서도 병문안이나 심방을 편안하게 감당할 수 있게 훈련된다.

부목사는 일 년간 회의에 참여한 후, 회의의 안건을 입안하고 진행할 기회를 갖게 된다. 나는 우리 교회에서 삼 년 이상 섬긴 부목사라면 어느 목사 청빙위원회에 가서 자신이 "종종 담임목사의 모든 직무를 담당했던 경험이 있으며, 일 년에 40회 이상 (내가 부재중이면 저녁 예배와 주일 오전 예배 때) 설교를 했다"고 말할 수 있게 되기를 바란다.

나는 우리 교회 부목사들에게 그들이 담임목사직(혹은 다른 직책)을 찾아나갈 준비가 되면 알려달라고 말해 둔다. 나는 처음부터 그들에게 내가 도와줄 수 있는 것은 다 해주겠다고 약속한다. 나는 우리 교회의 장로들과 회중도 젊은 목사들을 훈련시켜 담임목사직을 감당할 만큼 성장시킨다는 목표를 갖기 바란다.

설교에 대한 피드백을 구하라

모든 방향에서 설교에 대한 피드백을 받고 그것을 금처럼 귀하게 여기라. 당신의 멘토 목사와 교수들에게 당신의 설교를 평가해 달라고 요청하라. 선배 목사에게 당신의 설교 녹음본을 듣고 건설적인 비평을 해 달라고 부탁할 수도 있다.

고든 콘웰 신학교에서 설교학 교수로 재직하다가 은퇴한 그윈 월터스Gwyn Walters 박사가 우리 교회에 출석했다. 내가 그의 집을 방문했을 때 월터스 박사는 내 설교에 도움을 주겠다고 제안했다. 박사는 암 투병 중이었고 주일에 설교할 수 없었는데 18개월 동안 매주 힘을 내어 3시간씩 나를 만나주었다. 그의 진지한 관심과 조언은 나를 한 사람으로서나 설교자로서 완전히 뒤바꿔놓았다.

우리 교회의 한 부목사는 다른 주에 사는 어느 은퇴한 목사에게 연락해 자신의 설교를 온라인으로 듣고 평가해 달라고 부탁했다. 그들은 정기적으로 통화하며 의견을 주고받았다.

어느 교회에서 나는 다섯 사람에게 질문이 적힌 카드(피드백 카드)를 각각 나눠주고 세 가지 질문에 대답해 달라고 했다. "설교의 요점은 무엇이었는가? 설교에서 어떤 점이 유익했는가? 어떤 점이 별로 유용하지 않았는가?"

솔직한 피드백은 정신이 번쩍 들게 한다. 한번은 예정론에 대해 설교를 했는데, 한 자매가 전도에 대해 걱정할 필요가 없어져 안심했다고 적었다. 내 설교의 요지는 그게 아니었다! 하지만 나는 내가 생각하기에 사람들이 듣는 내용이 아닌, 그들이 실제로 듣는 내용을 알아야 한다.

어느 새로 생긴 교회에서의 사역 초창기에, 나는 에베소서 2장 8-10절 본문으로 설교를 했다. 한 여성은 내 설교가 칼빈주의 성격이 짙다고 불평했다(그 자매는 믿음이 하나님의 선물이라는 말씀은 받아들였다. 그녀는 바울이 아니라 나에게 반대한 것이다). 같은 설교를 들은 또 다른 남성은 그 설교의 복음적인 주제에 대해 기뻐하며 들떴다. 그는 구원을 위해 오직 그리스도를 받아들이고 그분만을 의지하라는 권고에 초점을 두었다. 그는 심지어 설교가 특정한 교리를 표방하지 않아서 마음에 든다고 했다! 이 얼마나 놀라운 현상인가? 두 사람이 같은 설교를 들었는데 한 사람은 내가 완고한 칼빈주의자라고 생각했고,

다른 사람은 내가 특정한 교리에 속하지 않은 복음주의자라고 생각했다. 이 두 사람의 피드백에서 나는 중요한 사실을 깨달았다. 그 교회의 회중은 전반적으로 신학적 견해가 다양하였고, 그 자체의 신앙고백적 기준에 대한 교육이 미비했으며, 신학적 기초를 쌓을 필요가 있었다.

교회 멤버들은 당신이 젊고 경험이 부족한 경우 특히 당신을 격려해주고 싶어 할 것이다. 그들을 실망시키지 말고, 당신의 동반자로 삼으라. 그들이 당신의 설교를 듣고 도움이 되었다고 하면 그 이유를 물어보라. "설교에서 어떤 점이 성도님에게 힘이 되었습니까?" 당신이 설교자로서 성장하고 싶다는 것과, 그들이 주는 피드백이 당신에게 매우 중요하다는 사실을 알려주라. 그리고 귀 기울여 들으라.

피드백을 통해 나쁜 습관을 고치기도 한다. 한때 나는 설교에 "어…"라는 말을 자주 사용하곤 했다. "어…우리는 의의 길을 걸어야 한다고, 어…말하는 목사처럼, 어…"이런 식이다. 이에 대해 한 여성이 자신의 피드백 카드에, 내가 설교를 하면서 의미 없는 음절을 마흔여덟 번이나 중얼거렸고, 그 소리가 몹시 거슬려 집중을 흐트러뜨렸다고 적었다. 나는 그녀에게 매주 설교마다 내가 "어…"라고 말하는 숫자를 세어 달라고 부탁했고, 그녀는 그 횟수가 세 번 이하로 줄어들 때까지 숫자를 세어 주었다. 그 후에 어느 뉴잉글랜드 출신 성도는 내가 "can't"를 "cain't"로 틀리게 발음한다고 지적했다. 그는 "그런 발음이 남부에서는 통할지 몰라도, 매사추세츠에서는 어림없답니다."라고 경고했다.

왜 굳이 부족한 전달력과 나쁜 습관으로 하나님의 말씀 선포를 손상시키는가? 피드백은 도움이 된다. 당신의 사역에 대해 솔직하게 말해줄 정도로 당신에게 관심을 갖는 사람들에게 깊이 감사하라. 방어적으로 반응하지 말라. 내가 섬겼던 모든 교회에서 대부분의 멤버들은 내가 좋은 설교자가 될 수 있도록 격려해주었다. 내가 그들의 비평과 격려를 나와 그들을 모두 사랑하시는 하늘 아버지의 선물로 여기고 받아들이지 못할 이유가 있겠는가?

많은 교회들이 해마다 목사들에 대한 연례 성과 평가를 한다. 나는 연례 평가에 대해 회의적이다. 어떤 사람의 말처럼, 연례 피드백은 정규적인 피드백이 아니다. 실질적인 문제가 존재할 경우, 한꺼번에 쏟아지는 부정적인 비평은 감당하기 버거워진다. 장로들로부터 피드백을 받으라. 개인적으로든 장로 모임을 통해서든 상관없다. 장로들은 당신의 교회 멤버들 중에 가장 성경적이고 신학적 수준이 높은 구성원들이라는 사실을 명심하라. 또한 신앙이 성숙한 멤버들에게도 반드시 피드백을 요청해야 한다.

목사 안수를 받기 전에 진지한 연구, 경험이 많은 멘토, 정기적인 설교, 유용한 피드백은 당신이 추구하고 소중히 여겨야 할 보물이다.

"당신의 사역에 당신이 가진 모든 것과 당신의 모든 것을 바치라. 당신이 지닌 최고의 재능, 최선을 다해 집중한 연구, 가장 성실한 기술, 최고의 자기헌신, 지성과 마음에서 우러나는 수고와 땀을 남김없이 모두 바치라. 그 모든 것을 바친 다음에, 물러서서 하나님의 구원을 보라."

– 제임스 스튜어트 James S. Stewart 3

"설교자가 자기 자신의 영혼에게 설교할 때 비로소 다른 사람을 향해 제대로 된 설교를 할 수 있다. 다른 사람에게 제공하는 음식을 자신은 섭취하지 않고 그것을 소화해 성장하지 않는다면, 그 음식에 풍미를 거의 낼 수 없을 것이다. 자신이 제공하는 음식을 직접 맛보지 않으면, 그 음식에는 자신이 모르는 독이 들었을 수도 있다. 말씀이 우리 안에 능력으로 거하지 않으면 우리에게서 나가는 말씀은 능력으로 전해지지 않는다."

– 존 오웬 John Owen 4

"그런즉 그들이 믿지 아니하는 이를 어찌 부르리요 듣지도 못한 이를 어찌 믿으리요 전파하는 자가 없이 어찌 들으리요 보내심을 받지 아니하였으면 어찌 전파하리요 기록된 바 아름답도다 좋은 소식을 전하는 자들의 발이여 함과 같으니라."

– 로마서 10장 14-15절

"우리는 우리를 전파하는 것이 아니라 오직 그리스도 예수의 주 되신 것과 또 예수를 위하여 우리가 너희의 종 된 것을 전파함이라."

– 고린도후서 4장 5절

"우리가 그를 전파하여 각 사람을 권하고 모든 지혜로 각 사람을 가르침은 각 사람을 그리스도 안에서 완전한 자로 세우려 함이니 이를 위하여 나도 내 속에서 능력으로 역사하시는 이의 역사를 따라 힘을 다하여 수고하노라."

– 골로새서 1장 28-29절

"너는 말씀을 전파하라 때를 얻든지 못 얻든지 항상 힘쓰라 범사에 오래 참음과 가르침으로 경책하며 경계하며 권하라."

– 디모데후서 4장 2절

3장

설교를 준비하고 전하기

[목표]

설교를 준비하고 전하기 위해 사려 깊고 체계적인 단계 밟기

• • •

신실한 목사는 설교를 우선순위에 둔다. 그들은 설교 준비에 집중적인 노력이 필요하고, 시간이란 한정되어 있음을 안다. 모든 설교자에게는 설교 준비를 위해 정확히 168시간이 주어진다. 열매 맺는 강단 사역을 위해서는 이 귀중한 시간을 반드시 제대로 관리해야 한다.

당신의 시간 사용으로 미루어 볼 때, 당신은 설교 준비와 전달을 얼마나 중요하게 생각하는가?

설교에 대한 당신의 헌신을 보여주는 신뢰성 있는 지표 중 하나는 당신의 달력과 업무 일지다. 누가 당신의 달력과 업무 일지를 보더라도 당신이 한 주간 설교 준비에 집중하고, 방해받지 않으려고 계획하고 있음을 즉각 알아차릴 수 있겠는가? 사람들은 가장 중요한 일에 소중한 시간을 투여한다. 당신에게 있어 설교는 그 중요한

일들 중 하나인가?

당신의 설교 준비 시간이 산발적이고 예측하기 어렵다면, 당신은 설교의 가치에 대해 하나님이 생각하시는 만큼 귀하게 여기지 않고 있을 가능성이 높다. 웨스트민스터 대요리문답은 하나님이 설교의 가치를 어떻게 평가하시는지에 대해 다음과 같이 말한다. "하나님의 영은 말씀을 읽는 것, 특별히 말씀을 설교하는 것을 방편으로 하여 죄인들을 조명하시고, 확신시키시고, 겸손하게 하시며, 그들을 자기 자신으로부터 몰아내어 그리스도께로 가까이 이끄신다. 또 그들로 하여금 그분의 형상을 본받게 하시며, 그분의 뜻에 복종하게 하시고, 그들을 강건하게 해서 시험과 부패에 빠지지 않게 하시고, 은혜로 세우시고, 구원에 이르는 믿음을 통하여 그들의 마음을 거룩함과 위로로 굳게 세우신다."[1] 하나님의 말씀이 선포될 때 하나님의 영은 조명하시고, 확신시키시고, 겸손하게 하시고, 몰아내시고, 이끄시고, 본받게 하시고, 복종하게 하시고, 강건하게 하시고, 굳게 세우시는 일을 하신다. 경건한 설교자는 이를 위해 최선을 다한다.

설교의 가치를 이해하는 것과 그 가치를 반영하는 습관을 개발하는 것은 완전히 별개의 일이다. 당신이 시간을 효율적으로 사용하는 데 도움이 될 몇 가지 단계를 소개한다.

---

1. 웨스트민스터 대요리문답 155문

월간, 주간, 일간 계획을 세우라

설교 준비를 위한 시간을 계획해 두지 않으면 항상 목회의 부침浮沈에 매여 있을 수밖에 없다. 상담, 회의, 심방, 급박한 문제가 당신의 하루를 지배하고, 진지하게 연구할 시간은 거의 남아 있지 않을 것이다. 그러므로 달력을 당신의 동료로 삼으라. 설교 준비 시간을 계획하라.

내 경우에는 설교 준비 시간을 확보하기 위해 아날로그 방식과 디지털 방식을 혼합해서 사용한다. 매 분기와 매달 마지막 주가 되면 나는 디지털 달력에 적혀 있는 다음 분기와 다음 달 일정을 훑어보고 주요 회의 날짜와 마감일을 플래너에 옮겨 적는다. 각 일정에 따른 업무가 있으면 적절한 마감 시간을 정해서 기록한다. 매주 금요일에는 그 다음 주에 있을 모든 일정들을 달력에 적고, 지난 업무를 돌아보고, 새로운 업무들을 기입한다. 주중에는 매일 저녁마다 다음 날 일정을 확인하고 필요한 사항을 변경한다. 힘들어 보일 수도 있지만 이러한 습관의 장점에 대해 생각해보라.

- 기억해 두어야 할 필요가 없어진다. 나는 내 기억력을 절대 신뢰하지 않는다.
- 주의를 산만하게 하는 요소가 줄어든다. 예를 들어 책을 읽는 도중에 갑자기 누구에게 전화를 해야겠다는 생각이 들면, 재빨리 업무 목록에 추가하고 다시 책을 읽는다. 읽기를 멈추고

전화를 하면 주의가 흐트러진다. 나중에 전화하기로 하고 기억에만 의존하는 것은 어리석은 짓이다.

- 글을 쓰는 행위가 번거로울 수 있지만, 손으로 쓰면 디지털 달력을 훑어보다가 중요한 것을 잊어버리는 불상사를 겪지 않게 된다. 또한 나는 글을 쓰면서 내가 해야 할 일에 대해, 그 일을 가장 훌륭하게 완수하는 방법에 대해 생각을 하고 기도하게 된다. 쓰는 행위는 작업 속도를 늦추지만, 건강한 방식으로 늦춘다.

- 나는 매일 아침이나 늦은 오후나 저녁마다 플래너를 확인하고 하루 종일 플래너를 펼쳐 둔다.

그래서 이런 습관이 연구와 어떤 관계가 있는가? 모든 면에서 관련된다! 내가 연구할 시간은 달력에 표기된다. 나는 시간이 허락하면 연구를 하겠지 막연히 바라지 않는다. 나는 연구하기 위한 계획을 세운다. 무질서는 연구를 포함한 삶의 모든 영역에 대해 대가를 요구한다. 장시간의 연구는 성공적인 강단 사역에 지극히 중요하다.

하나의 방식이 모든 이에게 적합하지는 않다. 우리는 각자의 특색(지적, 육체적, 창의적)을 가지고 나름대로 자신의 일을 처리한다. 그럼에도 다른 사람이 설교 준비를 하는 방식을 배워 두면 유용하다. 다른 이가 설교 준비 시간을 최적화하는 방식을 살펴보고, 그것을 받아들이거나, 받아들이지 않거나, 변형시키라. 당신에게 맞는 방식을 찾아보고 적용해보라. 그러나 계획을 세우지 않게 되면 삶의 여러 가지 일들로 분주해져서 소중한 연구 시간을 확보하지 못할 것이다.

당신이 가장 효율적으로 일하는 시간대를 알아 두라

나는 아침형 인간이고, 나에게 아침은 하루 중에 가장 효율적이고 창의적인 시간이다. 그래서 나는 항상 아침을 연구 시간으로 확보해 둔다. 전화, 이메일, 심방, 약속은 이후 일정으로 둔다. 여기서 요점은 자신을 아침형 인간으로 바꾸는 것이 아니라, 하루 중 당신에게 가장 좋은 시간을 설교 준비 시간으로 확보하는 것이다.

주초에 설교 준비를 시작하라

월요일이면 나는 설교의 개요를 짜고 원고를 쓰기 시작한다. 비록 원고를 보면서 설교하는 것을 권하지는 않지만[2], 매주 한 편의 설교문을 쓰는 것은 나에게 유익하다. 훈련된 글쓰기는 명료한 사고와 정확한 구술 표현, 정돈된 발표 기술을 향상시킨다. 주일에 설교를 두 번 할 경우, 두 번째 설교에는 개요와 내용 요약을 담은 축약본을 준비한다. 이런 식으로 나는 두 번째 설교를 할 때 축약본을 보고, 그 설교의 요지를 파악하고, 그 설교를 다시 설교한다.

---

2. 설교문을 보면서 설교하는 방식의 강점과 약점의 전반적인 논의는 존 A. 브로더스(John A. Broadus)의 저서인 다음의 책을 참고하라. *On the Preparation and Delivery of Sermons* (Vestavia Hills, AL: Solid Ground Christian Books, 2005), 439 – 50.

초기 개요는 일주일 내내 수정하게 될 것이다. 개요를 작성하면 당신은 실제로 해당 본문을 어떻게 설교해야 할지 생각할 수밖에 없다. 간단하고, 명료하고, 기억하기 쉬운 개요를 짜라. 당신의 요점과 하위 요점은 사람들이 본문을 살펴보는 데 도움을 주는 디딤돌이 된다. 당신이 개요를 기억해 낼 수 없다면 너무 긴 것이다. 나중에 당신이 볼 때 꼭 필요하고 잊어버려서는 안 될 내용이라면 개요를 확장시켜 강단에서 사용하도록 하라. 그러나 초기의 개요에는 당신이 청중의 마음과 생각에 깊이 남겨 두고 싶은 요점과 하위 요점이 들어간다. 일주일 내내 개요를 다듬되, 일찍 시작하라.

나는 한 주의 가장 이른 시간에 개요를 잡는다. 종이에 여러 가지 생각들과 개념을 적어나가고 설교의 형태를 잡기 시작한다.

설교는 구어체로 작성하라. 당신이 실제로 말하듯이 적으라. 당신의 설교는 출판물이 아니라 선포를 위한 글이다.

나는 처음에는 주석을 보지 않는다. 먼저 생각하고, (원고를) 쓴 다음에 나중에야 자료 조사를 한다. 어쨌든 그 본문은 처음 본 말씀이 아니다. 나는 매일 성경 읽기와 신학교 공부를 통해 이미 성경 말씀 연구에 시간을 할애했다. 그래서 가장 근본적인 단계부터 시작한다. 즉, 하나님의 임재 안에서 그분의 백성에게 선포해야 할 내용을 만들어 나가는 것이다. 다른 자료를 참고하기 전에 설교가 형태를 갖추기 시작한다.

어떤 젊은 목사들은 주중에 몇 시간씩 본문을 해석하고, 주석을 참고하고, 다른 설교자들의 설교를 듣는다. 그러다 보면 주말에 가까워질 때쯤 비로소 설교를 작성하기 시작한다. 그들의 노고는 칭찬할 만하지만 순서가 틀렸다. 그런 방식으로 하면 설교의 구조를 맨 마지막에야 구성하게 된다. 회중에게 전달할 내용을 급하게 만들어 내다 보면 명료성과 설득력, 깊이가 부족해질 수 있다. 주석과 해석 자료는 나중에 요점을 발전시키고, 다듬고, 선명하게 만들 때 살펴보아도 좋다.

주석을 신중하게 사용하라

주석은 당신이 어떻게 사용하느냐에 따라 친구가 될 수도 있고 적이 될 수도 있다. 주석을 버팀목으로 사용하고자 할 경우 그것은 당신의 적이다. 설교 본문을 매 구절마다 샅샅이 설명하면서 주석에서 읽은 내용을 나누면 그 설교는 보고서가 되어 버린다(그것도 형편없는 보고서가 된다). 당신은 회중에게 가장 필요한 것, 즉 생명을 주시는 은혜의 말씀을 회중에게 전하기 위해 당신이 하나님의 임재 안에서 말씀과 씨름한 내용을 제거해 버리고 만다.

주석을 읽고 필기하느라 대부분의 시간을 소비해 버려 당신이 생각하고, 기도하고, 묵상하고, 구상하고, 설교의 요점을 명료하게 할 시간을 앗아가 버린다면 주석은 방해 요소가 될 수 있다.

그러나 어려운 구절의 의미를 명확하게 하기 위해, 본문을 한층 넓은 맥락과 정경의 문맥에서 바라보는 방법을 제시하기 위해, 해당 본문에 대한 해석의 역사를 요약하여 제공하기 위해 주석을 사용한다면 그것은 당신에게 가장 소중한 친구가 될 수 있다. 당신의 주석들 중에 헬라어나 히브리어 원문을 기반으로 집필된 전문 주석 전집이 최소한 한 권은 있어야 한다.

구절의 의미를 결정했으면 그 내용대로 설교하라. 설교 중에 다양한 해석들을 제시하지 말라. 당신은 교수가 아니라 대사다. 당신은 그리스도의 대사로서 우리 왕의 권위 있는 말씀을 선포한다! 어떤 대사도 "저희 대통령의 말씀은 이렇게 볼 수도 있고, 저렇게 볼 수도 있고, 또 다르게 볼 수도 있습니다."라고 하지 않는다. 대사는 대통령이 전하는 메시지를 분명하게 이해하고 전달한다. 이와 비슷하게 당신도 권위와 견고한 확신을 갖고 하나님의 말씀을 선포해야 한다!

시리즈 설교를 할 때 나는 주석을 몇 권씩 참고한다. 어떤 것은 처음부터 끝까지 읽고, 어떤 것은 어려운 말씀을 이해하는 데 도움이 필요할 때만 참고한다. 적절한 균형을 찾으라. 그러나 연구가 끝나면 중요한 것은 성경 본문이다. 주해하고, 예화를 들고, 적용하여 회중이 말씀을 제대로 공급받을 수 있게 하라. 자신의 양들을 사랑하는 목사는 언제나 신실하게 그들을 먹인다.

조직신학을 잊지 말라

우리는 훈련된 신학자로서 모든 본문에 접근하며, 신학교 졸업 후에 신학 공부를 중단해서는 안 된다. 시리즈 설교를 준비할 때 훌륭한 조직신학 서적 한 권을 동료로 삼으라. 예를 들어, 나는 이번 장을 쓰면서 출애굽기 강해설교를 하는 중이다. 나는 헤르만 바빙크 Herman Bavinck의 네 권짜리 조직신학 성경 색인을 참고하고, 해당 성경 본문을 통해 바빙크가 하나님의 성품과 사역을 어떻게 이해했는지 읽는다. 출애굽기 9장 16절("내가 너를 세웠음은 나의 능력을 네게 보이고 내 이름이 온 천하에 전파되게 하려 하였음이니라")을 설교할 때, 나는 선택과 유기, 심지어 전택설과 후택설 논쟁에 대해서도 바빙크의 설명이 가장 유용하다고 보았다.

조직신학은 이루 말할 수 없이 중요하다. 훌륭한 조직신학 서적은 삼위일체, 죄, 죄책, 성육신, 중생, 성화 등 모든 신자들에게 중요한 수많은 신학 용어들을 명료하고 간결하고 인상적으로 정의하는 데 도움이 된다. 교회를 방해하는 현대 이단들은 이전 세대의 과오로 발생했고, 조직신학은 거짓 교리를 식별해 물리치고 하나님의 교회가 고백하고 사랑하는 진리를 수호하는 데에 도움을 준다. 당신이 조직신학 공부에 진지하게 임하면 당신은 한층 박학다식한 그리스도의 대사가 되고, 복음을 정확하고 명료하게 표현할 수 있게 될 것이다.

다른 목사의 설교에서 배우라

다른 목사들이 본문을 주해하고, 예화를 들고, 적용하고, 양심에 호소하는 방식을 보고 배우라. 그러나 다음의 것들을 주의하라. 첫째,

다른 사람의 설교문으로 설교하지 말라! 이는 절도이고 잘못된 일이다. 그리고 당신의 회중은 당신(당신의 은사, 그들의 삶에 대한 당신의 지식, 당신의 목회적 지혜)을 필요로 한다.

당신이 주일 설교를 준비하면서 다른 사람의 설교를 듣는 습관을 갖지 말기를 당부한다. 남의 설교를 듣다 보면 시간을 뺏긴다. 당신이 직접 씨름하는 대신 그들에게 의존하고 싶은 유혹을 뿌리치기 힘들 수 있다. 나는 다른 사람의 설교를 들을 때 내 주간 설교 준비의 일환으로 듣지 않는다. 하나님이 빚으신 설교자가 되라. 다른 목사에게서 배우되 결코 그대로 모방하지 말라. 하나님은 당신의 은사와 능력을 갖고 당신의 회중을 섬기도록, 다른 누구도 아닌 당신을 보내셨다.

설교 준비 시간 외에 연구하는 시간에 다른 사람의 설교를 들으라. 그것을 당신의 지속적인 교육과 영혼의 양식으로 삼으라.

당신의 회중을 알라

매년 추수감사 예배는 우리 교회에서 특별한 날이었다. 교회 멤버들은 하나씩 일어나서 하나님이 베풀어 주신 복에 대해 이야기했다.

어느 해에는 한 청년이 평소와 사뭇 다르게 그의 가족들과 다른 줄에 따로 떨어져 앉았다. 나눔의 시간이 되자 그는 일어나서 자기 자리를 가리켰다. 그 자리는 몇 년 전 그가 예배하기 위해 앉았던 자리였다. 그가 그 자리에 앉아 설교를 듣던 중에 하나님이 그의 영을 일깨우사 그리스도를 믿는 믿음을 갖게 하셨었던 것이다.

내가 전하는 주일 설교는 복음전도적 설교에만 국한되지는 않았다. 그러나 나는 예배 때마다 회중이 기본적인 복음 진리를 기억하게 하려고 노력한다. 그 진리는 다음과 같다. 하나님은 거룩하시다. 우리는 죄인이다. 우리가 의지할 수 있고, 우리를 기꺼이 구원하실 수 있는 구원자가 계시다. 구원을 위해 오직 그 한 분만을 의지할 때 우리는 죄사함을 받고 하나님과 화해하게 된다. 나는 설교할 때 그 청년과 같은 이들을 생각한다. 내 설교는 복음전도적인가? 나는 설교에서 비참한 죄인들을 하나님과 화해하게 하는 유일하고도 완전한 화목제물이신 그리스도를 제시하는가? 나는 청중에게 예수 그리스도를 통해 하나님과 바른 관계를 맺으라고 그들의 양심에 호소하는가? 나는 청중의 성화를 부지런히 추구하고 있는가?

당신의 회중에 대해 생각해보라. 주일이 되면 다양한 사람들이 당신 앞에 모인다. 불신자, 교육이 필요한 새신자, 시험에 들어 또 하루를 버텨 내느라 힘들어하는 성도, 자기 교만에 빠져 겸손해져야 하는 사람, 마음이 산란해져 소망을 갈구하는 사람, 죄에 붙들려 악한 행실로 되돌아간 사람, 유혹에 빠져 이길 힘을 구하는 사람, 슬픔에 잠겨 위로를 구하는 사람들이 있다. 설교를 준비하면서 이 사람들을 생각하고, 그들에게 성경적으로, 설득력 있게, 매력적으로 설교할 방법을 생각하라.[3]

---

3. 당신의 회중을 구성하는 다양한 사람들에 대해 생각할 때 다음 도서들을 참고해보라.

당신의 회중은 다양한 사람들로 구성된 집단이다. 경건한 장로, 힘겨워하는 어머니, 무관심한 십 대, 회의적인 대학생, 화가 난 아버지, 젊은 미혼모, 파산 위기에 놓인 사업가 등 다양한 사람들로 구성된 집단이다. 당신이 선포하는 말씀을 통해 그들이 죄의 자각, 위로, 소망, 확신을 얻겠는가? 그들은 하나님이 그리스도 예수 안에서 그들을 위하신다고 확신하면서 예배당을 나서겠는가? 그들은 당신의 설교를 듣고 하나님이 신실하신 주권자이시자 사랑이 많으신 그들의 하늘 아버지이심을 납득하겠는가?

설교는 목자의 사역이고, 모든 목자는 용기와 겸손, 담대함과 지혜, 견고함과 온유함, 거룩한 분노와 공감하는 이해의 적절한 조화를 추구해야 한다.

당신의 설교를 여러 번 검토하라

내 설교 원고는 보통 주중에 완성된다. 토요일이면 나는 최소 여섯 번은 설교를 훑어보거나 개요를 소리 내어 읽는다. 이렇게 하는 목적은 설교를 암기하기 위함이 아니라 설교 내용이 확고하게 뇌리에 박히게 하기 위한 것이다. 읽으면서 나는 원고의 단어들에 대해 생각한다. 이 설교가 성경적인가? 명료한가?

William Perkins, *The Art of Prophesying* (Carlisle, PA: Banner of Truth, 1996), 54-63, and Charles Bridges, *The Christian Ministry: With an Inquiry into the Causes of Its Inefficiency* (Carlisle, PA: Banner of Truth, 1991), 361-83.

설교를 검토하면서 나는 내 앞에 앉게 될 사람들에 대해 생각한다. 내가 설교하는 말씀이 그리스도 안에서 그들을 성장시킬까? 나는 설교의 여러 가지 요점에 하나님이 복을 주시기를 기도한다. 어떤 문장은 줄을 그어 없애고 어떤 문장은 고친다. 새로운 아이디어가 떠오르면 덧붙여 쓰기도 한다.

그 다음으로는 설교를 축약해 강단에 가지고 갈 설교 개요를 만든다. 나는 원고 가장자리나 별도의 종이에 개요를 적어 둔다. 날씨가 좋으면 동네를 거닐면서 설교에 대해 생각하고, 묵상하고, 기도한다.

나는 설교를 준비하는 데 어느 정도의 시간을 할애할까? 내가 매주 예상하는 시간은 일정한데, 주일학교 수업, 성경 공부, 학교 강의를 포함해 설교와 교육을 준비하기 위한 연구에 20시간 정도를 할애하는 것이다. 각 설교마다 나는 본문에 충실하며 회중의 덕을 세울 메시지를 준비하는 데 필요한 최소한의 시간을 들인다. 설교는 목사에게 높은 우선순위를 차지하는 업무이지만, 목사의 일은 설교만 있는 것이 아니다. 설교는 효율적으로 준비되어야 한다.

당신의 설교 녹음본을 인터넷에 업로드하는 것에 대해 한마디만 하겠다. 물론 설교를 업로드하는 것은 미처 예배에 나오지 못한 회중이 당신의 시리즈 설교를 이어 들을 수 있게 하는 유익을 줄 수 있다. 그러나 한 가지 주의사항이 있다. 인터넷 업로드 때문에 매끄러운 내용 전달과 문법적 오류가 신경 쓰여 결국 원고를 읽게 된다면, 설교 업로드에 대해 다시 생각해보라. 당신이 더 이상 앞에 앉은 회중을 최우선적으로 고려하지 않게 될 수 있다. 결과에 대한 교만이 성실한 복음 설교에 따라오는 열정적이고, 정직하고, 때로는 더듬거리는 노력을 능가하게 될 수 있다. 당신은 설교자이지 연기자가 아니다.

당신 자신과 당신의 회중을 위해 기도하라

설교를 준비하는 모든 부분마다 기도해야 한다. 하나님의 무오한 말씀을 이해할 수 있는 은혜, 성령에 의지해 정직하게 설명할 수 있는 은혜, 회중이 믿음으로 말씀을 받아들이는 은혜를 위해 기도하라. 설교 준비는 끊임없이 당신 자신의 죄를 드러내고, 그럼으로써 겸손히 죄를 고백하고 회개하고 새로워지게 한다.

설교하는 동안 설교를 수정하라

설교하는 도중에 설교를 수정할 준비를 갖추라! 나는 설교를 하면서 원고에 적혀 있지 않은 것들(말씀에 대한 적용, 예시, 유용한 구절)이 생각나기도 한다. 설교는 창의적인 활동이고, 연구와 회중의 필요에 대한 지식으로 정결하게 된 상상력은 억압되어서는 안 된다. 실제로 나의 실제 설교는 적어 놓은 내용과 (가끔은 꽤 많이) 달라진다. 우리는 실제 사람들에게 설교를 하고, 우리가 그들을 보며 그들의 필요와 고난, 어려움에 대해 생각할 때 우리는 그들을 향한 하나님의 은혜로운 말씀을 말해주고 싶어진다.

열정적으로 설교하라

당신이 회중에 대해 품은 애정, 즉 그들의 회심과 성화에 대한 강한 관심과 염려와 같은 깊은 감정을 당신의 회중이 감지해야 한다. 바울은 에베소 교회 장로들에게 "내가 삼 년이나 밤낮 쉬지 않고 눈물로 각 사람을 훈계하던 것을 기억하라"고 했다(행 20:31). 그는 고난받는 고린도 교회 교인들에 대해 "마음에 큰 눌림과 걱정이 있어 많은 눈물로" 편지를 썼다(고후 2:4). 당신의 회중은 그들의 영적 건강을 염려하는 당신의 투명한 배려를 알아야 한다.

공감하면서 설교하라

당신은 죄인들로 구성된 회중에게 설교하는 죄인이다. 당신의 인생에서 실망, 좌절, 고뇌를 경험할 때, 당신은 회중에 대한 공감이 한층 깊어질 것이다. 나는 그랬다. 고난은 죄로 망가지고 슬픔이 가득한 실제 세상에서 섬길 수 있도록 목사를 준비시키시는 하나님의 성화 학교다.

우리의 구원자께서는 "받으신 고난으로 순종함을 배"우셨다(히 5:8). 당신도 주님을 알아가면서 "그 고난에 참여함을 알고자 하여 그의 죽으심을 본받"을 것이다(빌 3:10). 우레가 울리는 강단은 진정한 부드러움에 자리를 내어주어야 한다.

모든 문제에 명확하고 완전한 해결책이 있지 않고, 모든 문제에 흑백이 분명한 답이 있지 않다. 그러므로 빠르고 쉬운 세 가지 단계를 섣부르게 제시하지 말라(기도 생활에 활력 불어넣기, 부부의 유대 강화하기, 중재자 역할 감당하기). 그런 식의 조언은 마음이 상하고 낙담한 성도를 더욱 번민하게 할 뿐이다.

양심에 호소하라

바울은 고린도 교회에 "오직 진리를 나타냄으로 하나님 앞에서 각 사람의 양심에 대하여 스스로 추천하노라"고 썼다(고후 4:2). 진실한 목사는 성도에게 하나님의 진리를 은폐하지 말고, 하나님의 드러난 뜻에 그들의 생각과 애정과 행실을 맞추라고 호소한다. 하나님은 당신을 통해 회중에게 "하나님과 화목하라"고 호소하신다(고후 5:20).

자기 자신에 대해 오래 참으라

나는 십 대 후반에 첫 설교를 했다. 삼십 대 중반에야 나중에 조금 손을 보면 다시 사용할 수 있을 만한 설교문을 쓰게 되었다. 더 예전에 쓴 설교문에서 종종 다시 활용하고 싶은 개요나 예시, 단락, 개념들이 있기는 하지만 그뿐이다. 내가 성숙한 강단 사역이라고 말할 만한 수준에 이르기까지 여러 해가 걸렸다.

어쩌면 나는 남들보다 더딘지도 모르겠다. 그러나 처음에 자신의 설교에 대해 비현실적인 기대치를 설정하지 않기 바란다. 성숙한 강단 사역으로 이어지는 재능을 개발하고 기술을 연마하는 데에는 시간이 걸린다. 물론 찰스 스펄전 같은 천재적인 설교자들이 있다. 그러나 그런 천재는 매우 적다. 그들로 인해 하나님께 감사하지만, 당신의 설교를 판단하는 데 있어 절대로 그들을 기준으로 삼지 말라.

용기를 가지라! 당신의 설교는 선포된 하나님의 말씀이며, 하나님의 교회를 모으고 보호하고 세우기 위해 그분이 지명하신 수단이다. 물론 하나님의 말씀은 주의 깊게 다루어야 하므로, 열심히 노력해 철저하게 준비하고 명확하게 말하라. 그러나 당신이 만족하지 못하고 말이 더디게 나온다 할지라도 하나님은 일하신다. 하나님은 선포된 말씀을 하나님의 영으로 회중의 필요에 맞게 적용하고 계신다. 하나님은 사랑하시는 백성을 은혜로 확실하게 성장시키기 위해 당신의 연약한 노력을 소유하신다.

다스리는 장로들을 위한 조언

현명한 다스리는 장로ruling elder들은 회중이 그들의 목사에게서 하나님의 말씀을 받아들이는 법을 습득하도록 돕는다. 그들은 "설교를 듣는 자들에게 요구되는 것은 부지런함과 준비함과 기도함으로 들으며, 들은 바를 성경으로 살피며, 믿음과 사랑과 온유함과 준비된 마음으로 그 진리를 하나님의 말씀으로 마음에 받아들이며, 묵상하고 참고하며, 그들의 마음속에 간직하며, 그들의 생활에서 그 말씀의 열매를 내는 것"[4]임을 회중에게 강조한다. 기억하라. 새로운 목사와 그의 말씀 사역을 위해 회중을 준비시키기 위해 당신이 할 수 있는 일들이 많다.

신실한 목사는 설교에 우선순위를 둔다. 신실한 장로, 신실한 회중도 그러하다. 그들은 함께 은혜와 우리 주 예수 그리스도를 아는 지식 안에서 자란다.

---

4. 웨스트민스터 대요리문답 160문

"사람들에게 그들이 타락한 죄인이라고 엄숙하게 선언하고, 그들에게 회개와 믿음과 겸손을 촉구하고, 그리스도를 대신하여 그들에게 하나님과 화목하라고 호소하는 설교가 목사의 주요 사역이 아니라면, 그런 목사는 아예 없는 편이 훨씬 낫다."

- 윌리엄 G. 블레이키 William G. Blaikie [5]

"강해설교는 성경 본문의 주해와 적용으로 구성된다. 주해가 없으면 강해가 아니고, 적용이 없으면 설교가 아니다."

- T. H. L. 파커 T. H. L. Parker [6]

4장

설교에 대한 실제적인 조언

[목표]

목회를 시작하기 전에 설교에 대한 올바른 질문에 대해 고찰하기

● ● ●

목회에 대한 기본적인 질문에 대답하는 것은 당신을 흔한 곤경에 빠지지 않게 하고 당신이 새 교회에서 사역을 훌륭하게 시작하는 데 도움이 된다.

얼마나 오래 설교해야 하는가

대부분의 미국 회중에게 25-30분 정도의 설교 시간은 충분히 길다. 온 가족이 함께 예배드리기를 지향하는 교회에서는 어린이들이 부모님과 함께 예배를 드린다. 그들을 고문하지 말라. 60-75분을 넘는 예배는 현실적이지 않을 수 있다.

설교의 길이는 회중의 역량과 당신의 능력 모두의 문제다. 회중의 관심을 유지하는 당신의 기술을 과대평가하지 말라. 내 경험상

긴 설교는 필요 이상으로 반복이 많고 부수적인 정보가 가득하다. 그 결과로 명확한 구조와 초점이 빠진 설교가 된다.

설교를 준비할 때 당신이 무엇을 설교에서 제외시키는 것은 당신이 무엇을 설교에 포함시키는 것만큼이나 중요하다. 지루한 배경 자료를 삭제하라. 말씀 연구에 유능한 학생들이 의도하지 않게 이런 해를 입힌다. 그들은 설교에 자료를 너무 많이 넣는다. 나는 목사 후보생 시절에 설교 시간을 재는 훈련이 매우 중요하다는 사실을 확신하게 됐다. 물론 당신은 학습한 것을 회중과 공유하고 싶겠지만 그렇게 하면 정보 과부하에 걸리거나 서둘러 자료를 나열하다가 요점이 흐려지고 연결성을 잃기 때문이다.

내 설교 원고는 인쇄했을 때 여섯 장을 넘기는 일이 거의 없다. 최종 원고가 나오기 전에는 여덟 장이나 아홉 장일 때도 있다. 그러면 나는 이렇게 자문한다. 이 부분이 꼭 필요한가? 내가 불필요하게 반복하고 있지는 않은가? 이 예시가 정말로 본문을 조명하는 역할을 하는가 아니면 산만해지게 하는가? 이 부분은 중요하기는 하지만 본문 뒷부분에서 언급할 때 의미가 더 명확해지지 않은가? 나는 시간을 맞추기 위해서 강단에서 자연스럽게 떠오르는 내용이나 본문의 적절한 설명을 일부러 제거하려고 하지는 않는다. 다만 모든 요점과 모든 예화에 목적이 있음을 확실히 함으로써 회중의 듣는 역량을 혹사시키지 않으려고 한다.

첫 교회에 부임하면 무엇을 먼저 설교해야 하는가

나는 서양 교회력에서 구속사적인 핵심 절기(예수님의 탄생을 기념하고 재림을 기다리는 대림절, 십자가 고난을 기념하는 성금요일, 주님의 부활을 기념하는 부활절, 승천절, 오순절)를 제외하고는 거의 항상 성경의 한 권에 대해 강해설교를 한다.

서신서로 첫 설교를 해보는 것도 좋겠다. 구속사에서 서신서는 우리와 가장 비슷한 상황에 있는 성도들을 위해 쓰였다. 즉, 서신서는 예수님의 십자가형과 부활, 승천, 오순절 성령강림 이후, 그리스도의 재림과 장차 도래할 세상을 기다리는 성도들에게 보내진 것들이다. 나의 첫 강해설교는 갈라디아서, 에베소서, 데살로니가전서, 베드로전서였다.

그 다음에 나는 구약으로 이동했고, 다음에는 복음서가 이어졌다. 나는 구약, 복음서와 사도행전, 서신서의 순서에서 거의 벗어나지 않는다. 우리 회중에서 어떤 멤버가 오전 예배와 저녁 예배, 주일 성경공부에 참석한다면, 그는 5-6년쯤 지나면 율법서, 역사서, 시가서, 예언서, 복음서, 서신서, 계시록에 이르는 성경의 주요 장르들을 모두 접하게 된다.

성경 강해설교는 당신이 개인적인 선호에 치우치는 (그래서 논란을 일으킬 소지가 다분한) 설교를 하지 않도록 방지할 것이다.

한 번은 어떤 목사가 내게 조언을 구했다. 그는 작은 교회를 섬기고 있는데 규모가 점점 더 작아지고 있다고 한다. 그는 어떻게 해야 할까?

나는 교회 성장 컨설턴트가 아니다. 내게 떠오른 것은 한 가지 질문밖에 없었다. "목사님은 무엇을 설교하십니까?" 그의 대답은 이랬다. "우리 회중은 별로 장로교회 교인답지 않아서, 유아 세례와 성찬 받을 자의 구분에 대한 시리즈 설교를 했습니다." 이 대답으로 미루어 나는 그 목사 자신에게 중요한 주제가 그의 설교를 결정하는 원동력임을 알았다. 목사들은 회중을 "고치기" 위해 종종 자신들이 생각하기에 중요한 주제들을 가지고 설교한다. 그래서는 안 된다.

반면 당신이 성경 강해설교를 하면서 이런 주제들을 다룬다면, 사람들은 당신이 성경적인 교리와 본문에 충실한 적용을 제시한다고 납득하게 될 것이다. 게다가 당신은 당신의 교회가 고백하는 진리에 대한 정경의 맥락을 확립시킬 수 있을 것이다.

성인 주일 성경공부가 당신의 설교를 어떻게 보완할 수 있는가

당신이 부임한 교회에 성인을 위한 교육 프로그램이 없거나 부족하다면 교회 장로들은 당신이 문제를 해결해주기를 바랄 수 있다. 교사를 훈련하는 데 시간이 걸리고, 현재 교사들의 성경적 지식과 신학이 빈약한 경우에는 더욱더 그러하다. 그런데 당신의 일정에 또 다른 준비 시간을 추가한다고 생각하면 벅차게 느껴질 수 있다. 이때 한 가지 해결책은, 성인 대상의 신앙 교육을 당신의 설교 사역의 일부로 만드는 것이다. 주일 성경공부 시간에 설교에 대한 질문을 받고, 시간이 더 필요한 주제들을 탐구하는 시간으로 활용하라.

어떤 교회에서는 회중을 여러 그룹으로 나누어 주중에 성경공부를 진행했는데, 그때 나는 주일 설교를 토대로 성경공부용 질문지를 만들었다. 나는 이 방법으로 내 설교의 영향을 한층 확장시켰고, 새로운 성경공부를 준비하는 것보다 노력이 훨씬 덜 들었다.

정치적, 경제적, 과학적 논쟁점을 설교에서 다루어야 하는가

목사는 그가 발언할 자격이 있는 내용만을 말해야 한다. 그리고 그 자격을 규정하는 이는 하나님이시다.

젊은 목사들은(나이든 목사들도) 경제나 과학적 의문, 정치적 논란에 대해 설교해서는 안 된다. 나는 그리스도인이 B-1 폭격기 계획안에 찬성해야 하는 이유(느헤미야와 성벽 말씀에 근거해서), 에이브러햄 링컨의 신앙의 본질(나는 그가 복음주의자였다고 확신한다), 경제(성경은 친자본주의적이고 반사회주의적이거나 혹은 그 반대라는 주장), 지구의 나이, 미국 헌법의 국교금지조항이 지닌 의미 등을 다루는 설교들을 들어보았다. 내가 판단하건대 각 설교에서는 설교자의 전문 지식 수준을 넘어서는 내용을 다루고 있었다. 그것만으로도 충분히 잘못됐다. 그보다도 더 불쾌했던 것은 그들이 성경에서 말하지 않는 사안을 다루었다는 점이다.

18세기 영국의 정치가이자 국회의원이었던 에드먼드 버크Edmund Burke는 다음과 같이 경고했다.

정치와 설교대는 서로 합의를 이룰 요소가 아니다. 교회에서는 기독교적 사랑이 담긴 어루만지는 목소리만이 울려 나와야 한다. 각각의 의무를 이렇게 혼동하면, 정치적 자유와 통치라는 대의大義는 종교적 대의나 마찬가지로 얻을 것이 없다. 각각의 고유한 성격을 버리고 자신에게 속하지 않은 것을 자임自任하는 자들은 대부분 그들이 버린 특성과 자임한 특성 모두에 대해서 똑같이 아는 바가 없다. 그들이 그처럼 자신감을 드러낸 그 모든 일에 대해 전혀 경험이 없어서, 그들에게서 정치는 실종되고 그들이 자극한 열정만 남게 된다. 참으로 교회는 인류의 분쟁과 적의에 대해 하루 동안 휴전이 허락되어야만 하는 장소이다.[1]

그리스도인들은 우리나라의 중요한 갖가지 정치적 사안에 대해 의견을 갖게 되지만, 그 사안들에 대해 하나님의 말씀은 침묵하고 있다. 따라서 하나님의 목사는 강단에서 정치적 사안에 대해 발언할 권한이 없다. 목사가 정치에 관한 발언을 할 때, 대부분의 경우 그는 비전문가로서 발언하는 것이다. 하지만 목사가 식견 부족 때문에 황당한 설교를 하는 것은 내 주요 관심사가 아니다. 중요한 것은, 하나님이 그분의 교회와 목사에게 그런 사안에 대해 말하는 데 필요한 권한을 주지 않으셨다는 것이다. 설령 어떤 목사가 전 합동

---

1. Edmund Burke, *Reflections on the Revolution in France* (New York: Oxford University Press, 1993), 11–12.

참모총장 출신이라 하더라도, 그에게는 강단에서 국방 문제에 대해 논할 권한이 없다.

목사는 하나님이 택하신 사람들을 모으도록 부름받은 하나님의 목자이다. 목사는 그들을 순례자의 교회로 모으고, 그들이 장차 올 세상을 위해 준비하는 동안 그들을 양육하고 보호하는 일에 부름받았다. 그의 강단 사역은 이 한 가지 과업에서 벗어나서는 안 된다.

목사는 도덕적인 위협에 대해 말함으로써 성도들을 보호해야 하지만, 그와 동시에 입법적인 논쟁은 피해야 한다. 예를 들어, 목사는 낙태가 제6계명을 위반하는 것이고, 하나님의 형상으로 창조된 인간의 생명을 불법적으로 파괴하는 행위라고 정죄할 수 있고, 또한 그렇게 해야 한다. 그러나 목사는 특정 법조항이나 그 조항에 포함된 불가피한 타협과 단서조항 등에 대해서는 침묵을 지켜야 한다. 그에게는 법률 제정에 대해 하나님의 대사로서 말할 권한이 없다. 그리스도인들이 각자의 직업과 관심사 가운데에서 가능한 최대의 선을 지향하면서 일하게 하라.

또한 당신의 회중 멤버들에게 사회악을 공격할 의무를 부과하면서 그들의 양심을 부당하게 속박하지 않도록 주의하라. 내가 어릴 적에 살았던 남부 시골에서는 금주 운동이 한창이었다. 나중에는 다른 운동이 그 자리를 차지했다. 나는 위기 임신 센터^{crisis pregnancy center} 부회장을 지냈지만, 어떤 성도든 낙태 반대 운동을 하거나 오늘날의 무수한 사회악 중에 무엇을 개선시킬 의무가 있다고 생각하지는 않는다. 당신의 멤버들이 자신들의 은사와 의무, 관심을 고려하면서 그들이 헌신하는 영역에서 활동하게 하라. 많은 멤버들이 그들의 가족을 부양하고, 자신의 일을 하고, 공예배에 참석하는 것이 그들이 할 수 있고 해야 할 전부인 경우가 많다. 그들에게 감당할 생각이 전혀 없는 짐을 지워 압박하지 말라.

우리가 졸업 연사처럼 말하면서, 더 기도하고 더 구제하고 더 복음을 전하면 문화를 바꾸고 세상까지도 바꿀 수 있다고 회중에게 장담하면, 비슷한 위험이 발생한다. 이런 설교는 회중을 한계까지 끌어당겨 스트레스를 받게 하고 지치게 만든다. 이런 설교는 바울의 강조점과 완전히 동떨어진 것이다. 바울은 디모데전서 2장 2절에서 교회 멤버들이 "모든 경건과 단정함으로 고요하고 평안한 생활을 [할 수 있도록]" 임금들과 높은 지위에 있는 모든 사람을 위하여 기도하라고 권고한다.

소셜 미디어를 사역의 연장선으로 취급하라. 당신의 블로그나 페이스북, 트위터에 올리는 게시글로 의미 없는 정치적 논쟁을 일으키지 말라. 왜 당신이 부름을 받아 목양해야 하는 사람들과 멀어질 위험을 감수하려 하는가? 당신은 목사이지 논쟁가가 아니다.

당신의 목회적 돌봄의 질이
강단 사역에 어떤 영향을 미치는가

당신이 주중에 회중을 어떻게 돌보는지(그들에게 어떻게 말하고, 그들에 대해 어떻게 말하고, 그들을 어떻게 섬기는지)는 그들이 당신의 강단 사역을 받아들이는 태도에 영향을 줄 것이다.

당신이 강단에 있지 않을 때, 다음의 특징들을 명심하라.

- **성실하라.** 당신이 설교할 때뿐 아니라 주중에도 회중의 성화를 성실하게 추구하라. 양 떼에 대한 목자의 헌신은 그들 모두에게 투명하고 분명하게 보여야 한다.

- **오래 참으라.** 회중과 함께 하는 삶에 적응하기가 어렵더라도, 관계는 상호적이라는 사실을 기억하라. 당신의 회중은 당신과 당신의 죄, 연약함, 독특한 성향을 받아들여야 한다. 그리고 당신도 그들을 받아들여야 한다. 그러므로 오래 참으라. 당신이 회중에 대해 인내하지 못해 교만해지고 당신의 유익을 구한다면, 당신은 강단 사역으로 극복할 수 없는 장벽을 치게 될 것이다. 이것은 그리스도의 길이 아니다. "사랑은 오래 참고 사랑은 온유하며 시기하지 아니하며 사랑은 자랑하지 아니하며 교만하지 아니하며 무례히 행하지 아니하며 자기의 유익을 구하지 아니하며 성내지 아니하며 악한 것을 생각하지 아니하며"(고전 13:4-5).

- **애정을 갖고 대하라.** 공적이든 사적이든 회중에 대해 말할 때, 당신이 아끼는 사람에게 말하듯이 하라. 하나님은 그들을 소중히 여기신다. 따라서 당신도 그러해야 한다. 애정은 사역에 있어서 필요한 요소이다. 사도 바울은 그가 사랑하는 데살로니가 교회에게 그와 그의 동료들이 "너희 가운데서 유순한 자

가 되어 유모가 자기 자녀를 기름과 같이 하였으니 우리가 이같이 너희를 사모하여 하나님의 복음뿐 아니라 우리의 목숨까지도 너희에게 주기를 기뻐함은 너희가 우리의 사랑하는 자 됨이라"라고 단언했다(살전 2:7-8). 당신이 회중을 냉정하게 대하거나 짐으로 여기면, 그들은 당신의 강단 사역을 받아들이기 힘겨워할 것이다.

당신의 회중과 하나님의 말씀을 나누고 당신의 삶을 나누라. 당신이 참으로 사랑하는 회중에게 설교할 때, 비록 당신이 불완전하지만 그들은 당신을 위대하고 선한 목자에게서 지시를 받는 하위 목자로 여길 것이다. 당신이 강단에서, 또 각 가정에 대해 성실함과 오래 참음, 사랑으로 목양할 때, 당신의 양 떼는 당신이 하나님 아버지처럼 그리스도 안에서 그들을 위해 존재한다고 확신하게 될 것이다.

"예배는 무엇보다도 반드시 하나님의 영광을 위해 드려져야 한다."

- 휴즈 올리펀트 올드 Hughes Oliphant Old 7

"성경으로 노래하라. 성경으로 기도하라. 성경을 읽으라. 성경을 설교하라."

- 리곤 던컨 Ligon Duncan 8

"여호와께 그의 이름에 합당한 영광을 돌리며 거룩한 옷을 입고 여호와께 예배할지어다."

- 시편 29편 2절

"하나님은 영이시니 예배하는 자가 영과 진리로 예배할지니라."

- 요한복음 4장 24절

"그러므로 온 교회가 함께 모여 다 방언으로 말하면 알지 못하는 자들이 나 믿지 아니하는 자들이 들어와서 너희를 미쳤다 하지 아니하겠느냐 그러나 다 예언을 하면 믿지 아니하는 자들이나 알지 못하는 자들이 들어와서 모든 사람에게 책망을 들으며 모든 사람에게 판단을 받고 그 마음의 숨은 일들이 드러나게 되므로 엎드리어 하나님께 경배하며 하나님이 참으로 너희 가운데 계신다 전파하리라."

- 고린도전서 14장 23-25절

"그러므로 우리가 흔들리지 않는 나라를 받았은즉 은혜를 받자 이로 말미암아 경건함과 두려움으로 하나님을 기쁘게 섬길지니 우리 하나님은 소멸하는 불이심이라."

- 히브리서 12장 28-29절

5장

예배 인도

[목표]

하나님의 영광, 성도의 건덕, 선택된 자들의 모임에 대한 관점을 가지고
예배로의 부름으로부터 축도에 이르기까지 예배의 각 부분을 계획하기

• • •

설교를 계획적으로 준비해야 하듯이, 예배도 계획적으로 준비해야
한다.

하나님이 명하신 예배의 요소들이 설교의 앞뒤에 행해진다. 예배
를 구성하는 요소들은 말씀 선포만큼이나 꼭 필요한 요소이며, 결
코 가볍게 취급되어서는 안 된다. 당신과 당신의 성도들은 하나님
을 예배하라는 부르심을 받아 예배의 자리로 나왔고, 당신은 그들
을 인도해야 한다. 성경에서 규정하는 찬양으로, 간구로, 헌금으로
그들을 인도하라. 당신과 당신의 성도들은 은혜로 구원받았지만, 그
럼에도 여전히 구원받은 죄인들이다. 따라서 상한 심령 가운데 죄
의 고백 순서를 이끌고, 믿고 회개하는 자들에게 주어지는 죄 사함
을 기쁜 심령으로 선포하라.

이번 장에서는 예배의 구성 요소들과 순서에 대해 간략하게 다루

고자 한다. 본질적인 문제에 대해서는 당신이 신학교 교육에서 배우거나 많은 훌륭한 책들에서 배울 수 있도록 남겨두겠다.[1]

여기에서는 당신의 마음을 준비하는 데 도움이 될 실천적인 내용들과 당신이 공적 예배를 계획하고 인도할 때 기억해야 할 몇 가지 사실을 이야기하고자 한다.

위엄

위엄을 갖추고 예배를 인도하라. 기독교 예배에서 실없는 농담, 성의 없이 준비한 문구, 가볍고 명랑한 분위기는 들어설 곳이 없다. 진지함을 가장하거나 경건한 척하는 목소리를 내라는 말이 아니라, 거룩하신 삼위 하나님이 그분의 핏값을 주고 사신 백성들 속에 거하시는 집회에 어울리는 엄숙함을 갖추라는 것이다.

"우리 하나님은 소멸하는 불"이시므로(히 12:29), 당신은 회중이 "경건함과 두려움으로" 하나님께 예배드리도록 인도해야 한다(히 12:28). 진리의 말씀이 선포될 때는, 불신자라도 "그 마음의 숨은 일들이 드러나게" 됨을 깨닫고 "하나님이 참으로 너희 가운데 계신다"는 결론에 이르게 되어야 한다(고전 14:25).

---

1. 개혁주의 전통이 당신에게 생소하다면 적절한 입문서로서 다음 세 권을 추천한다. Old, *Worship: Reformed according to Scripture*; Ryken, Thomas, and Duncan, eds., *Give Praise to God*; and Terry L. Johnson, ed., *Leading in Worship*, rev. ed. (White Hall, WV: Tolle Lege Press, 2013).

예배 순서

당신은 첫 사역을 시작하는 교회에서 기존의 예배 순서들을 이어받을 것이다. 나는 당신이 얼마 동안은, 설령 변화가 필요한 상황일지라도 기존의 순서를 바꾸지 말고 그대로 유지하기를 권장한다. 회중이 그 예배 순서에 애착을 갖고 있기 때문이다. 서두르지 말라. 필요하다면 변화를 주어야겠지만, 먼저 장로들을 설득한 다음 회중을 설득하도록 하라.

당신은 내가 개혁에 대한 열정이 부족하다고 생각할지도 모르겠다. 어쩌면 그럴 수도 있다. 그러나 예배의 개혁은 절대로 완벽하지 않은 과정이다. 당신은 임기 동안 예배가 하나님의 말씀에 더욱 부합되게 하기 위해서 장로들과 함께 일하게 될 것이다. 당신이 너무 서두르면 사람들은 교회를 떠나거나 불만을 가질 것이다.

처음에는 새로운 회중이 당신을 전적으로 신뢰하지 않을 수 있다. 이해할 수 있는 일이다. 신뢰는 시간이 흐르면서 쌓인다. 당신이 사람들의 신뢰를 얻고 나면 그들은 변화를 좀 더 수월하게 받아들일 수 있을 것이다.

그러니 예배 순서가 어떻든 그대로 지키고, 경건한 부지런함과 위엄을 갖춰 예배를 인도하라. 목사로서 회중을 모범적으로 보살피는 데 힘쓰라. 먼저 회중과의 관계를 구축하고, 그 다음에 예배 순서에 이의를 제기하라.

예배 시간

당신이 어린이들도 가족과 함께 한자리에서 예배드려야 한다는 신념을 갖고 있다면 예배 시간을 60-75분 안팎으로 제한해야 한다. 즉, 어떤 요소가 포함되고 어떤 요소가 빠질지를 결정해야 한다.

내 일생 동안 복음주의 예배에서 찬양이 차지하는 분량은 점점 증가했다. 예배 시작시 찬양을 15분 이상 하는 일은 드물지 않다. 찬양의 분량은 예배의 다른 순서에 영향을 미친다. 찬양의 비중이 늘어나면 기도, 성경 읽기, 설교는 줄어든다. 이런 식의 교환은 건강하지 않다.

내가 섬겼던 한 교회에서 어떤 교인들은 내가 적당하다고 생각하는 시간보다 더 오래 찬양하고 싶어 했다. 나는 찬양에 대한 그들의 갈증을 억누를 생각이 없었다. 그래서 교회 장로들은 본 예배가 시작되기 전에 찬양 시간을 더 길게 갖기로 결정했다. 어떤 교인들에게는 이 시간이 귀한 예배 준비 시간이 되었고, 다른 교인들은(특히 어린이들) 찬양이 끝나갈 때쯤 도착해 예배로의 부름을 놓치지 않고 예배를 드릴 수 있었다.

시편 찬양과 찬송가

매주 나는 회중이 최소한 한 곡은 시편 가사로 된 찬양을 부르도록 계획한다. 나는 그리스도인들이 시편으로만 찬양해야 한다고 믿지는 않지만, 시편 찬양이 없으면 예배는 빈곤해진다. 어쨌든 교회 역사상 시편이 유일한 찬양집일 때가 자주 있었고, 세대에 세대를 이어 성령 충만한 하나님의 말씀을 찬양하면서 견뎌 나갔다. 당신의 회중 역시 시편 찬양으로 힘을 얻을 것이다.

최고의 찬양은 시편에서 영감을 얻는다. 성도들은 그런 찬양을 부르면서 하나님의 성품을 사모하고, 창조와 구속의 사역으로 인해 하나님을 찬양하고, 그리스도께서 성취하신 사역에 대한 신뢰를 표현하고, 의인과 악인의 명확한 구별에 대해 깊이 생각하고, 서로에게 고통과 두려움과 의심 속에서 언약에 신실하라고 권고한다.

말씀에 충실해야 한다는 것 외에, 찬양에 있어서 가장 중요한 요점은 회중이 자신 있게 부를 수 있어야 한다는 것이다. 새 교회에 부임한 첫해에는 반주자나 지휘자와 의논해 회중이 어떤 찬양들을 잘 알고 잘 부르는지 파악하라. 이는 회중의 규모가 작을 때 특히 중요하다. 숫자가 적은데 선곡한 찬양들을 잘 부르지 못하면, 찬양 시간이 어색해지고 모두 의기소침해져 버린다.

새 찬양은 두 달에 한 곡 정도면 충분하다. 새 찬양을 소개할 때는 반주자나 악기팀이 곡 전체를 한 번 연주하게 해서 회중이 음을 들을 수 있게 하라. 찬양대나 밴드가 있다면 그들에게 한 주 전에 입례 찬양 또는 헌금 찬양으로 노래하거나 연주해 달라고 하고, 찬양을 소개하는 주일에 1절을 노래하거나 연주해 달라고 하라. 회중이 찬양을 듣고 1절을 다시 부를 때는 회중이 함께 부르도록 유도하고, 이어서 찬양의 나머지 부분도 부르라. 조금만 신경을 쓰면 회중이 더 자신 있게 찬양하도록 도와줄 수 있다.

설령 회중이 편안하게 부르는 찬양곡이 매우 적다고 해도 괜찮다. 시간을 들여 레퍼토리를 늘려갈 수 있다. 회중의 찬양을 풍성하게 할 것 같은 찬양이 있는데 그들이 곡을 모른다면 회중이 잘 아는 찬양 중에서 박자가 같은 곡에 가사를 붙여 부르게 하라. 찬양의 박자를 모르겠으면 반주자에게 설명해 달라고 하라.

찬양 선곡

유능한 지휘자가 있으면 실질적인 유익이 있다. 지휘자가 예배와 당신의 설교 주제에 맞는 찬양을 능숙하게 선곡할 줄 안다면, 그가 찬양 선곡을 하게 하라. 그러면 당신이 할 일이 하나 줄어들고, 이렇게 하면서 동료애와 상호 신뢰가 쌓인다.

성경 읽기

예배 시간에 많은 분량의 말씀을 읽으라. 회중이 가정에서 말씀을 읽을 수 있다는 이유를 들어 읽는 분량을 충분히 확보하지 않는다면, 당신은 아마 평균적인 교인들의 성경 읽기 습관을 과대평가하고 있는 것이다.

최근 나는 2년 만에 마태복음 강해를 마쳤다. 시리즈 설교를 하는 동안 구약성경의 잠언을 봉독했고, 매주 반 장 분량을 읽었다. 설교 본문이 아닌 말씀을 읽기 전에는 1분 정도 해당 말씀에 대해 설명했다. 물론 그 설명이 짧은 설교까지는 아니었지만 듣는 이들에게 그 말씀의 의미를 이해하기 위한 통찰을 줄 수 있었을 것이다.

또한 나는 찬송가나 시편 찬양을 부르기 전에 종종 그 노래에 대해 간단하게 소개한다.

주중에는 봉독할 말씀을 읽는 연습을 하라. 존 브로더스[John Broadus]는 성경 말씀을 잘 읽는 것의 가치에 대해 이렇게 말했다.

훌륭한 봉독은 의미를 분명하게 하는 데 도움이 되어 해석적인 가치를 지니며, 말씀에 대한 온전한 관심과 깊은 인상을 남긴다. 훌륭한 봉독자가 읽은 말씀을 한 번 듣고 난 이후 그 말씀의 의미가 새로워지고 감미로움이 더해지기도 한다.[2]

얼마나 많은 양을 읽어야 할까? 정해진 규칙은 없다. 회중의 역량을 고려해서 결정하라.

매년 회중을 위해 기도할 때 그들에게 하나님의 말씀을 갈구하는 마음을 주시길 간구하라.

---

2. John A. Broadus, *On the Preparation and Delivery of Sermons* (Vestavia Hills, AL: Solid Ground Christian Books, 2005), 517.

강단 기도

당신은 강단에서 기도할 때, 회중을 인도하면서 하나님께 마음을 쏟아 내야 한다. 그래서 나는 강단에서 기도문을 읽는 것을 추천하지 않는다. 그것은 자유를 박탈한다. 당신은 회중의 본보기로서, 그들에게 어떻게 기도하는지 본을 보이라. 당신의 회중은 하나님께 기도하기 전에 기도문을 작성하지 않을 것이다. 당신도 그래서는 안 된다.

그럼에도 당신은 기도할 준비를 해야 한다. 준비에 앞서 기도 주제에 대해 생각하고, 주제와 그 주제의 근간이 되는 말씀을 다양하게 하라. 이렇게 하면 틀에 박히고 예상 가능한 기도가 되지 않도록 방지할 수 있다.

강단 기도를 위한 최선의 준비는 개인 기도를 충실히 하는 것이다. 당신이 연구한 말씀을 놓고 기도하고 성경에서 사용한 표현을 당신의 기도말로 삼아 기도하면, 회중을 인도할 준비를 갖추게 될 것이다.

예배 때에는 간구, 죄를 고백하는 기도, 감사 기도, 중보 기도, 성경 말씀의 조명을 위한 기도, 성찬 기도 등의 주요한 기도를 드려야 한다. 주일에 이 기도들을 어떻게 해야 할지 한 주 동안 심사숙고하라. 당신이 강단 기도에 대해 생각할 때 도움이 될 만한 귀중한 자

료들이 많이 있다.[3]

광고 시간을 어디에 배치할 것인가

광고는 짤막해야 한다. 어떤 교회에서는 광고 시간이 독립적인 순
서가 되어 교회 행사를 자세히 소개하고, 참석한 멤버들을 축복하
고, 결석자가 겪고 있는 환난에 대해 설명하고, 열정적으로 나오라
고 초청하는 등 부흥회 같은 느낌을 준다.

또 어떤 교회에서는 광고 시간이 구매 권유 시간처럼 진행된다.
제품의 이점을 소개하고 반대 의견은 극복된다. 그러다 보면 예배
하는 마음은 길을 잃게 된다.

광고 시간을 어떻게 진행할지 생각해보라. 내 경우에는 예배 시
작 전이나 중보 기도 전에 광고 시간을 갖는다. 광고 내용은 한두
가지이고, 20초를 넘기지 않으며, 사람들에게 주보를 참고하라고
안내한다.

광고 때 이야기하는 내용을 놓고 기도하고 싶을 때는 중보 기도
전에 광고를 한다. 예를 들어, 주일 성경공부 새 학기가 시작될 때

---

3. Arthur Bennett, *The Valley of Vision* (Carlisle, PA: Banner of Truth, 2003); D. A.
Carson, *A Call to Spiritual Reformation: Priorities from Paul and His Prayers*
(Grand Rapids: Baker, 1992); Hughes Oliphant Old, *Leading in Prayer: A
Workbook for Ministers* (Grand Rapids: Eerdmans, 1995); Matthew Henry, *A Way
to Pray*, ed. O. Palmer Robertson (Carlisle, PA: Banner of Truth, 2010); and Terry
L. Johnson, ed., *Leading in Worship*, rev. ed. (White Hall, WV: Tolle Lege Press,
2013).

나는 학생들과 교사들이 하나님의 말씀을 알아가는 가운데 함께 성장하게 해달라고 기도한다.

한 가지 주의할 점이 있다. 광고는 개인적인 호소를 대체할 수 없다. 예를 들어, 내가 사역했던 교회에서 연례 선교 콘퍼런스를 개최했다. 게시판에 광고를 하지만, 나는 참석을 종용하는 일을 광고에 맡기지 않는다. 교회 주소록을 찾아 집집마다 전화를 걸어 참석을 권유한다. 노력이 많이 든다고 생각할 수도 있겠다. 실제로 노력이 많이 든다. 하지만 그 결과를 생각하면 노력할 가치가 있다.

한번은 일단의 집사들이 주중에는 사역을 도우러 나오는 사람이 거의 없다며 낙담했다. 그래서 나는 교회의 각 사람들에게 요청해서 특정한 도구나 장비를 가져와 달라고 했다. 그러자 결과는 기록적이었다.

광고는 유용하지만, 광고에만 의존하지 말라.

어린이 설교와 어린이 교회

어린이 설교와 어린이 교회는 불필요하게 예배 시간을 연장시키고, 더 심각하게는 어린이에게 "다른" 설교는 그들을 위한 설교가 아니라는 발상을 심어주게 된다. 내가 사역했던 어느 교회에서는 장로들이 (몇 달에 걸친 많은 기도와 논의 끝에) 어린이 설교와 어린이 교회를 없애기로 결정했다. 어린 자녀가 있는 가정들의 참석률이 저조해질 것이라는 염려는 기우로 드러났다. 오히려 어린이들이 예배에 계속 참석하면서 출석이 늘었다. 진지한 신앙을 지닌 부모는 자녀들이 진지하게 예배드리기를 원한다.

당신이 부임한 교회에 어린이 설교와 어린이 교회가 있고 당신이 그것들을 없애고 싶다면, 천천히 움직이라. 변화를 서둘러야 하는 경우는 별로 없다. 이 주제에 대해 장로들과 오랫동안 토의하고, 위원회 안건이 되면 더 오랫동안 부모들과 대면하여 논의하라. 이런 변화는 이메일로 갑작스럽게 통보할 성격의 것이 아니다. 장로들을 설득할 수 없더라도 실쭉해지지 말라. 장로들과 싸우지 말라.

주일 저녁 예배

주일 저녁 예배는 나의 주일성수에 있어 꼭 필요한 부분이 되었다. 예배로 하루를 시작하고 끝맺기 때문에 주일을 하루 종일 거룩하게 보내는 데 도움이 된다. 그래서 나는 많은 멤버들이 주일 저녁 예배를 포기하는 것에 대해 안타깝게 여긴다.

당신의 교회에 주일 저녁 예배가 있다면 아침 예배에 비해 참석자 수가 적을 것이다. 저녁 예배를 계속하고 회중에게 저녁 예배의 가치를 역설하기 바란다. 저녁 예배에 최선을 다하라! 아침 예배처럼 저녁 예배도 열심히 준비하라. 당신의 행동으로 당신이 저녁 예배를 귀하게 여기는 것을 회중에게 보여주라. 무관심한 태도로 저녁 예배를 드리면서 회중이 예배에 진지하게 임할 것을 기대하지 말라.

어떤 교회의 경우 주일 저녁 예배 규모가 매우 작았다. 그래서 목사는 예배당의 구석, 즉 피아노 앞에 있는 강단에서 예배를 인도했다. 설교자는 주일 아침에는 정장을 입었지만 저녁 예배 때는 편안한 복장을 했다.

나는 사람들이 올 것을 기대하듯, 예배당 중앙의 강단에서 설교했다. 그리고 주일 아침과 똑같이 복장을 갖춰 입고 다른 예배와 똑같은 힘을 쏟아 저녁 예배를 준비하고 인도했다. 그러자 출석 인원이 늘기 시작했다. 사람들이 얼마 오지 않을 것이라고 예상하듯 행동하면, 사람들은 거의 오지 않을 것이다. 오히려 기대치를 높게 잡으라.

저녁 예배가 다소 짧기는 하다. 50분 이상 걸리는 경우가 거의 없다. 부모들이 아이들을 데려오는데, 아이들은 하루가 끝나가는 시간이라 피곤할 수 있고 다음 날 학교에 가려면 일찍 자야 할 것이다. 긴 저녁 예배는 역효과를 낳는다. 나는 부모들이 인내하면서 주일 전체를 거룩하게 보내도록 권장하고 싶다. 적당한 길이의 저녁 예배는 도움이 된다.

사전 공지

우리 교역자들의 시간은 귀하다. 반주자들과 교회 사무실 직원들에게 주보에 실릴 사항을 늦게 알려주면 그들의 생활이 불필요하게 분주해지고 만다. 그래서 나는 적어도 예배가 있기 7-10일 전쯤 넉

넉히 시간을 두고 공지사항을 미리 알려준다. 찬양팀 신입 멤버들은 회중과 함께 찬양하는 요령을 익히는 중이기에, 찬송가와 시편 찬양 선곡을 일찍 파악하면 충분한 연습 시간을 확보할 수 있다.

수요일이나 목요일이면 내 비서는 회중에게 이메일로 돌아오는 주일에 대한 공지를 보낸다. 어떤 부모들은 가정 예배를 드릴 때 예배 찬송을 미리 불러 자녀들이 주일 예배에 오기 전에 찬송에 익숙해질 수 있게 한다. 부모들은 어려운 단어를 설명해주고 찬양의 주제에 대해 이야기를 나눌 수 있다. 또한, 성경 본문을 미리 읽고 가르쳐줄 수도 있다.

청소 요원 및 안전 요원

교회에서 주일 예배를 준비하다 보면 청소 요원이나 안전 요원들이 일하는 경우가 있다. 교회 외부에서 사람을 고용할 경우 그들의 이름을 반드시 외우라. 또한, 그들의 가족에 대해 물어보라. 그들이 어려운 일을 당했을 때 함께 기도하라. 초대에 응하고 장례식에 참석하라. 교인이 아닌 이들이 당신의 회중을 위해 일한다면 그들은 가족의 일부다. 그들을 사랑과 존중으로 대하라. 그들이 비신자라면 그리스도 안에서 형제자매가 될 가능성이 있다.

결론

첫 교회에 부임하기 전에 당신의 예배 철학을 정리하라. 하지만 기억하라. 당신은 처음부터 실제적인 문제들에 대해 많은 결정을 내려야 할 것이다.

• 92문 성례란 무엇인가?

답 : 성례는 그리스도께서 세우신 거룩한 예식으로, 이 성례에서 그리스도와 새 언약의 유익들이 눈에 보이는 표시들을 통해 신자에게 나타나고, 인쳐지며, 적용된다.

• 93문 신약의 성례는 무엇인가?

답 : 신약의 성례는 세례와 성찬이다.

- 웨스트민스터 소요리문답 92문, 93문[9]

"그러므로 너희는 가서 모든 민족을 제자로 삼아 아버지와 아들과 성령의 이름으로 세례를 베풀고."

- 마태복음 28장 19절

"베드로가 이르되 너희가 회개하여 각각 예수 그리스도의 이름으로 세례를 받고 죄 사함을 받으라 그리하면 성령의 선물을 받으리니."

- 사도행전 2장 38절

"무릇 그리스도 예수와 합하여 세례를 받은 우리는 그의 죽으심과 합하여 세례를 받은 줄을 알지 못하느냐 그러므로 우리가 그의 죽으심과 합하여 세례를 받음으로 그와 함께 장사되었나니 이는 아버지의 영광으로 말미암아 그리스도를 죽은 자 가운데서 살리심과 같이 우리로 또한 새 생명 가운데서 행하게 하려 함이라."

- 로마서 6장 3-4절

"내가 너희에게 전한 것은 주께 받은 것이니 곧 주 예수께서 잡히시던 밤에 떡을 가지사 축사하시고 떼어 이르시되 이것은 너희를 위하는 내 몸이니 이것을 행하여 나를 기념하라 하시고 식후에 또한 그와 같이 잔을 가지시고 이르시되 이 잔은 내 피로 세운 새 언약이니 이것을 행하여 마실 때마다 나를 기념하라 하셨으니 너희가 이 떡을 먹으며 이 잔을 마실 때마다 주의 죽으심을 그가 오실 때까지 전하는 것이니라."

– 고린도전서 11장 23–26절

6장

성례

[목표]
당신이 세례나 성찬을 집례하기 전에, 두 성례의 중요성과
새로운 회중으로 인해 당신이 겪게 될 실제적인 쟁점들에 대해 깊이 생각하기

• • •

당신은 말씀과 성례의 사역자다. 당신은 첫 교회에서 그리스도께서 자신의 교회에 주신 두 가지 성례인 세례와 성찬을 집례하는 엄숙한 의무와 큰 기쁨을 갖게 될 것이다.

말씀 사역이 그리스도와 그분이 주시는 유익을 귀에 제시한다면, 성례는 그 유익을 눈에 제시한다. 당신은 말씀이 신실하게 전해지고 들려지며, 성례가 바르게 집례되는 곳 어디에서나 기도하는 목사를 발견할 것이다. 그 목사는 그리스도께서 자신의 죽음으로 사신 영혼들을 양육하기 위해 자신의 말씀과 성례 사역에 복을 내려 주시길 하나님께 구하는 사람이다.

성례를 절대로 말씀 사역과 분리된 채로 집례해서는 안 된다. 성례의 중요성을 선언하고 물과 떡과 포도주를 일반적인 용도와 구별하는 것은 바로 선포되는 말씀이다. 이러한 이유로 역사적인 개신

교 교회 건물 안에는 세례반과 성찬상을 예배당 앞 설교단 아래에 두었다. 성례는 말씀과 분리되면 영적인 의미를 지닐 수 없다.

당신은 이미 당신이 속한 교단의 고백서와 교회 헌법을 읽었을 것이다. 고백서와 교회 헌법에는 해당 교단의 원칙과 관례가 정리되어 있으므로 당신은 그 내용에 충실해야 한다. 당신은 목사 안수를 받을 때 주 안에서 서약한 대로 교단의 가르침에 충실해야 한다.

다음의 조언들은 당신이 세례와 성찬을 집례할 때 직면할 수 있는 몇 가지 실제적인 문제와 관련하여 도움을 주기 위한 것이다.

세례

그리스도께서 제정하신 세례는 교회의 공예배에 속한다. 목사는 절대로 사적인 의식에서 세례를 행해서는 안 된다.

어떤 경우에 한해서는 주일의 회합이 아닌 모임에서 세례가 행해지기도 한다. 새신자가 몹시 아파서 예배에 참석할 수 없고, 그가 회복할 가망이 거의 없는 경우가 있다. 혹은 형량이 많이 남은 복역수가 믿음을 갖게 되는 경우가 있다. 이런 경우에는 교회가 장로들의 지시에 따라 병상이나 교도소에서 예배를 드려야 한다. 이 예배에 참석 가능한 인원은 매우 적을 수도 있다. 그럼에도 교회는 모여서 예배드려야 한다.

목사는 함께 사역하는 장로들과의 관계를 간과해서는 안 된다. 목사는 세례 집례의 여부를 독단적으로 결정하는 독립적인 종교인이나 고독한 영적 전사가 아니다. 목사의 권위는 그리스도로부터 나오고, 그리스도께서는 교회를 통해 그를 부르시고 교회에 대해 사역하게 하셨다. 목사는 하나님이 부르신 다른 이들과 함께, 동역자로서 그리고 여러 장로 중 한 사람으로서 교회를 다스린다. 장로들은 세례 희망자들을 공동으로 면담하고, 신뢰할 만한 믿음과 회개의 증거가 있는지 여부를 결정한다.

세례는 목사나 세례 받는 자의 사역이 아니라, 부활하시고 승천하신 그리스도의 사역이다. 그리스도는 새신자를 부르시고, 중생하게 하시며, 믿음과 회개의 선물을 주신다. 물로 씻는 행위는 우리의 구원자이신 주님께서 자신의 피로 새신자를 씻으신다는 사실을 의미한다. 목사는 그리스도의 명령에 따라 삼위일체 하나님의 이름으로 다음과 같이 선포한다. "성부와 성자와 성령의 이름으로 네게 세례를 주노라."

세례의 초점은 새신자의 신앙고백과 순종 서약이 아니라, 하나님의 백성에 대한 하나님의 구원의 약속에 있다.

이제 실제적인 문제들에 대해 알아보자.

교회의 전통을 알아 두라. 처음 세례를 집례하기 전, 교회에 세례식과 관련된 특별한 전통이 있는지 알아보라. 어떤 교회에서는 세례 후에 송영이나 "하늘 아버지의 자녀Children of the Heavenly Father"나 "예수 사랑하심은Jesus Loves Me" 같은 찬양을 부른다. 당신의 교회가 소중하게 여기는 전통을 무시함으로써 그들을 불편하게 하지 말라. 기존에 행했던 관습을 존중하라.

예배에서 세례를 이른 순서에 배정하라. 우리 교단에서는 목사가 그리스도 안에서 신앙을 고백하는 새신자들과 신자들의 자녀들에게 세례를 준다. 유아와 어린이 세례가 있을 경우에는 세례를 이른 순서에 배정하라. 나는 예배로의 부름, 개회 찬송, 탄원, 신앙고백 다음에 바로 세례식을 진행한다. 부모가 부산한 자녀들을 데리고 기다리는 시간을 최소한으로 하라.

세례 때문에 부모가 시험들지 않게 하라. 나는 설교 직전이나 심지어 설교 직후에 세례를 주는 경우를 보았다. 당황한 부모의 품에서 동요하고 우는 아이들이 앞으로 나온다. 부모와 자녀들에게 기나긴 예식을 견디게 하면서 그들의 기쁨을 손상시키지 말라.

간략하게 진행하라. 세례의 근거가 되는 성경 말씀을 전하려면 명료하고 짧게 설명하라. 세례식은 세례의 성격을 길게 설명하는 시간이 아니다. 세례에 대해 자세하게 가르치려면 다른 시간에 하라. 나는 강해설교를 진행하다가 세례에 대한 본문이 등장하면 세례에 대해 자세하게 설명한다. 교회 멤버십 성경공부 시간과 주일 성경공부 또는 교리문답 수업 때에도 그렇게 한다. 나는 첫 아이의 유아 세례를 앞둔 부모를 심방하면서 성경에서 세례에 대해 가르치는 내용과 그들이 하게 될 세례 서약에 대해 다시 알려준다.

세례를 집례하기 전에 당신이 할 말에 대해 신중하게 생각하라. 나는 대략 삼 분 정도 이야기하는데, 일반적으로 유아 세례의 근거 구절을 언급한다. 어떤 교회들은 1년 내내 정기적으로 세례를 행한다. 세례식을 자주 거행하면 세례와 세례의 의무에 대한 성경적인 이유를 가르칠 기회가 된다. 세례를 집례할 때, 너무 자세히 가르치지 말라. 특히 부모가 자녀를 안고 당신 앞에 서 있다면 더욱 유의하라.

논쟁하지 말라. 당신의 교회에서 유아 세례를 행한다면 침례교 형제들을 꾸짖지 말라. 그 자리에 어울리는 것은 유아 세례이지 신학적 논쟁이 아니다. 당신의 교회에서 유아 세례를 베푸는 이유에 대해 간결하고 온화하게 설명하라. 유아 세례에 대한 침례교인들의 관점을 공격함으로써 가족의 세례식에 참석한 손님들을 불쾌하게 하지 말라. 유아 세례는 기쁜 시간이어야 한다.

개개인에게 맞추라. 세례식마다 똑같은 문구를 되풀이하지 말고, 각 사람에게 맞는 말을 준비하라. 예를 들어 새신자가 세례를 받을 경우, 그가 어떻게 그리스도를 믿는 믿음을 갖게 되었는지 회중에게 이야기하라.

입양아가 세례를 받는 경우, 나는 그 아이에게 그의 삶에서 일어난 가장 중요한 결정은 그를 위해 내려진 결정들이라는 사실을 상기시켜주기도 한다(내가 한 말을 그의 부모가 나중에 아이에게 알려줄 수도 있다). 나는 이렇게 말한다. "누구도 자기 부모를 선택하지 않는단다. 그것은 우리가 내리는 결정이 아니지. 이 사실은 모든 아이에게 똑같이 해당되는데, 특히 너처럼 입양된 경우에는 이 사실이 아주 확실하단다. 이 가족은 너를 자녀로 맞아들이기로 결정했지. 네 엄마와 아빠가 그리스도인이기 때문에 너는 교회 공동체에 속하고 삼위일체 하나님의 이름이 네 위에 있단다. 네 세례에는 커다란 책임이 따르는데, 그중 어떤 책임도 네가 우리 구주 예수 그리스도 안에서 신앙을 고백하는 것보다 더 중요하지는 않단다." 나는 그 아이가 성장하는 중에도 그 책임을 종종 일깨워줄 것이다.

유머감각을 유지하라. 유머가 필요할 것이다. 아이들은 소란을 피운다. 내 옷깃에 달린 마이크를 움켜쥐는 아이도 있었고, 내 안경을 치는 아이도 있었다. 어떤 네 살짜리 남자아이는 내 정강이를 걷어차는 바람에 새신자였던 아이 어머니가 사색이 되었었다. 웃을 이야기인지 모르겠지만, 한번은 어떤 성인에게 세례를 주었는데 알고 보니 그의 이름이 범죄용 가명이었던 적도 있었다. 항상 계획대로 상황이 진행되지는 않으니, 적절하게 대처하라.

세례식으로 인해 교회는 경건한 행복으로 가득차야 한다. 그러므로, 기쁜 표정으로 웃으며 다정하게 말하라. 남자들과 여자들이, 소년 소녀들이 성부와 성자와 성령의 이름으로 세례를 받은 것을 회중과 함께 기뻐하라.

성찬

성찬에 참여하는 것은 예배의 아름다운 한 부분이다! 성찬 때 성령께서는 성도들의 마음을 일으켜 하늘의 처소로 향하게 하시고, 그들을 성부 하나님의 우편에 계신 그리스도와 함께 앉게 하신다. 성찬에서 성도들은 감사하면서 믿음으로 그리스도를 먹고 마신다.

교회의 관례를 알아 두라. 세례와 마찬가지로 성찬에 있어서도 교회의 관례를 알아야 한다. 안타깝지만 당신은 새 교회에서 성찬을 집례하는 장면을 미리 보지 못했을 가능성이 크다. 관례는 교회마다 다르므로 장로들과 이야기하고 순서를 확실하게 익혀 두라. 예를 들어, 어떤 교회에서는 떡과 포도주가 돌아오는 순서대로 각자 떡을 먹고 포도주를 마신다. 또 다른 교회에서는 모든 사람이 떡과 포도주를 받을 때까지 기다렸다가 함께 먹고 마신다. 당신이 새로 부임한 교회는 어떤 방식을 따르는가? 장로들은 그들이 성찬을 진행할 때 당신이 어디에 앉기를 원하는가? 반주자는 성찬 중에 연주를 하는가, 하지 않는가? 성찬 전후에 특별히 부르는 찬송가가 있는가?

새로 부임한 교회의 관례를 받아들이면서 그 교회를 존중하라. 나중에 장로들에게 건의해 변화를 줄 수도 있겠지만, 처음에는 관례를 따라 성찬을 집례하라.

초대와 경고를 하라. 성찬을 집례하기 전에 당신은 초대와 경고를 동시에 해야 할 것이다.

진지한 태도로 성도들을 성찬에 초대하라. 성찬의 주인이신 그리스도는 성도들을 환영하여 맞아들이신다. 그들에게 떡을 떼고 포도주를 마시라고 초대하라. 성찬은 죄 많고, 연약하고, 자주 고통받는 주의 백성들을 위해 준비된 식탁이다. 주님이 베푸시는 만찬에 그들을 부르라.

신앙고백을 하지 않은 사람이나 권징을 받아 성찬의 떡과 포도주를 나누지 못하게 된 사람들은 성찬을 받을 수 없다고 경고하라. 성찬을 함부로 먹고 마시는 태도는 스스로에게 심판을 자초하는 행위이기 때문이다(고전 11:27-32). 신중하게 경고하라. 경고가 너무 길거나 엄격해져서 당신의 사랑스러운 성도들이 받아야 할 초대를 압도하게 하지 말라. 구주의 은혜로운 환영이 가장 중요하다.

어떤 사람은 떡과 포도주를 받으면 안 될 것이다. 성도가 아니거나, 추문을 일으켰거나, 그리스도 안에서 공적으로 신앙을 고백하지 않은 사람은 성찬에 참여할 수 없다. 비록 그들이 성찬에 참여하지 못할지라도 그 자리에 함께 있는 것을 환영함을 분명하게 표현하라. 우리는 그들에게 예배당에서 나가라고 하지 않는다. 그들은 떡과 포도주를 받지 않고 지나치게 해야 한다. 그러나 그들에게 그리스도를 그들의 구원자로 받아들이라고 촉구하라. 그들이 믿음과 회개를 고백하여 주의 성찬에 참여하게 되기를 당신이 갈망하고 있음을 그들이 알게 하라.

준비하라. 우리는 성찬을 무성의하게 취급하거나 형식적으로 집례해서는 안 된다. 설교를 위해 기도하면서 준비하는 것처럼, 성찬 순서를 위해서도 시간을 들여 계획하라.

도입부, 초대, 경고하는 문구들을 신중하게 생각하라. 기도문을 작성하라고 권하고 싶지는 않지만, 어떤 말로 기도해야 할지 미리 생각해 두어야 한다. 그렇지 않으면 진부하고 무미건조한 기도를 하게 된다. 성찬의 풍성함을 당신의 권고와 기도에 충분히 반영하라.

성찬에 올 수 없는 사람들을 배려하라. 세례와 마찬가지로 성찬은

사적인 행사가 아니며, 교회에서 드리는 공예배 중에 행해져야 한다. 사적인 모임이나 결혼식에서 성찬을 집례해 달라는 요청을 받으면 거절해야 한다.

하지만 병에 걸려 더 이상 교회 예배에 참석하지 못하는 교인들은 어떻게 해야 할까? 교회는 그들을 위해 모여 병든 성도들이 하나님의 말씀 사역과 성례에서 소외되지 않게 해야 한다. 내가 섬겼던 어떤 교회에서는 거동이 어려운 교인들을 위한 성찬 집례를 장로들이 허용했다. 이런 예배는 사적인 행사가 아니다. 적절한 상황에서는 교회의 다른 교인들이 모일 수 있다. 어떤 교회에서는 몇몇 여성도들과 그들의 딸들이 연로한 과부의 가정을 방문하곤 했다. 그들은 예배를 함께 드리고 내가 떠난 다음에도 남아 집주인과 교제를 나누었다.

나는 이런 소규모 예배에서는 예배 순서를 간략하게 한다. 예배 순서는 예배로의 부름, 사도신경, 기도, 주일 설교 말씀 요약, 성례 집행으로 진행된다. 나는 거동이 어려운 성도의 가정에서 짧지만 공적인 예배를 인도한다.

결론. 당신은 말씀 사역자인 동시에 성례 사역자다. 하나님의 말씀을 선포할 때와 마찬가지로 성례 집행에 대해서도 충분히 공부하고, 생각하고, 기도하고, 신경을 쓰라. 그리스도께서 핏값을 주고 사신 백성들은 그에 합당한 돌봄을 받을 가치가 있다.

"모든 것을 품위 있게 하고 질서 있게 하라."
- **고린도전서 14장 40절**

"내가 너를 그레데에 남겨 둔 이유는 남은 일을 정리하고 내가 명한 대로 각 성에 장로들을 세우게 하려 함이니."
- **디도서 1장 5절**

7장

교회 행정

[목표]

당신의 첫 교회를 성장시키고 돌보기 위해 필요한
정신 훈련, 사역 습관, 조직 기술 습득하기

• • •

우리는 교회 행정을 지루하게만 여긴다.

목사 청빙위원회는 종종 후임 목사의 자격요건 가운데 행정 능력을 대수롭지 않게 여긴다. "우리는 설교하고, 가르치고, 심방하고, 전도할 수 있는 사람을 원합니다. 하지만 행정 능력은 그만큼 중요하지는 않아요." 그러나 그렇지 않다! 교회 행정은 그 능력 부재가 심각한 문제로 대두되기 전까지 평가절하되는 기술이다. 행정 능력을 중요하게 여기라. 당신은 유능한 관리자로서의 책임을 요구받게 될 것이고, 당신은 유능한 관리자여야 한다.

행정 문제에 대한 경솔한 태도는 영성이 깊다는 것을 나타내지 않고 하나님의 백성들의 안녕에 무관심하다는 것을 나타낸다. 관리 태만은 당신과 당신의 교회가 가장 중요하게 생각하는 모든 것들의 적이다. 견실한 조직이 없으면 당신의 설교와 가르침에 기복이 생기고, 심방은 중구난방으로 이루어지며, 전도 사역은 조직화되지 않을 것이다. 당신은 교회 행정에 주의를 기울여야 한다.

아직도 교회 행정의 중요성을 크게 자각하지 못한다면, 가족 행사를 제대로 관리하지 못하는 남자의 아내나 무능력한 사장 밑에서 일하는 직원에게 견실한 관리의 중요성에 대해 물어보라. 귀가 닳도록 듣게 될 것이다. 가정과 직장과 마찬가지로, 형편없는 행정 아래에서는 교회가 쇠퇴하고 분노가 쌓이게 된다.

물론 유능한 행정 능력에 대해 보상을 받을 것이라고는 기대하지 말라. 하지만 회중을 꾸준한 손길로 인도하지 못하면 당신의 임기가 흔들릴 것을 기대하라.

감사하게도, 행정 능력은 습득가능한 기술이다. 기본적인 행정 기술에 대해 알아보자.

당신의 일정을 파악하라

하루를 시작하는 방법을 하나 제안하겠다. 첫째, 경건의 시간을 가지라. 둘째, 일정표를 보라. 그리고 하루를 마칠 때는 다음과 같이 하라. 첫째, 일정표를 보라. 둘째, 기도하라.

일정표를 가까이하라. 당신이 약속을 잊어 버리거나, 회의 시간에 늦거나 준비되지 않은 상태로 참석할 경우, 그것은 당신과 당신이 대표하는 교회를 형편없어 보이게 만든다.

일정표에 무엇을 기입해야 하는가? 모든 약속과 마감 일자들이다. 나는 신학생들에게 강의계획서를 보고 그들의 일정표에 수업 일정, 시험일, 마감일 등을 적어 두라고 권한다. 과제를 잊어버리는 이유는 기억력이 나빠서가 아니라 일정표를 성의 없이 사용하기 때문이다. 신학교에서부터 일정표를 제대로 사용하는 습관이 길러져서 목회에 이어져야 한다.

교회의 일정을 파악하라

미리 생각하라. 나는 특별 집회를 개최하기 18-36개월 전부터 계획한다. 강사들을 초대해야 하고, 당신의 교회가 독립된 건물이 없으면 시설을 대관해야 한다.

교회 프로그램에 대해 생각해보라. 주일 성경공부를 예로 들어보자. 새 성경공부가 8월에 개강한다면 여름이 시작되기 전에 모든 준비를 마쳐야 할 것이다. 늦겨울에서 초봄이면 이미 그해에 새로 시작될 성경공부에 대한 세부사항을 마무리해야 한다. 마지막까지 기다리면 가장 좋은 강사들을 섭외할 수 없게 되고, 신입 강사들이 준비되지 않은 채 수업을 맡게 되며, 교재는 늦게 도착하고, 학생들은 지루해하고, 아무도 행복하지 않을 것이다.

철저하게 준비하라. 당신의 목표를 파악하고(예를 들어, 주일학교 시작) 목표를 달성하는 데 필요한 모든 것(강사 섭외, 강사 훈련 기간, 교재 주문, 핵심 멤버들을 만나 기독교 교육의 중요성에 대해 설득하기)을 일정표에 기입하라.

교회가 성장하면 당신은 이 임무를 맡을 리더를 세울 수 있을 것이다. 그러나 사역을 시작하는 당신에게 이 임무가 주어질 수도 있다. 자원봉사자가 어떤 일을 책임질 수 있도록 구비시키는 최선책은 그에게 그 일을 제대로 하는 방법을 보여주는 것이다.

모임들을 파악하라

당신이 참석할 모임들을 신중하게 선택하라. 당신의 첫 교회에는 정기적인 장로 모임, 집사 모임, 위원회 등 여러 모임이 있을 것이다. 모든 모임에 다 참석하면, 당신은 한 달 중에 자유로운 저녁 시간이 몇 번 없을 것이다. 여기에 주일 저녁 예배와 (많은 교회에서 고정 모임으로 갖는) 주중 성경공부와 기도 모임이 추가되면 남는 저녁 시간은 거의 없어지고, 가족과의 시간이나 교회 예비 교인들을 심방할 시간 같은 것은 생각할 수도 없게 된다.

많은 목사들이 작은 교회나 쇠퇴하고 있는 교회나, 이 둘에 다 해당되는 교회에서 사역을 시작한다. 이런 교회들이 성장하기 위해서는 목사의 리더십이 필요하고, 이는 목사가 교인이 될 만한 사람들을 만날 시간을 내야 한다는 것을 의미한다. 가끔은 아침이나 점심 식사 때 이들을 만날 수도 있겠지만, 가족을 전도할 경우에는 특히 저녁 식사를 할 일이 반드시 생길 것이다. 모든 교회 모임에 참석하는 목사는 자신이 교회의 성장을 가로막고 있음을 깨닫게 된다.

모든 사람이 내 방식을 따라야 하는 것은 아니지만, 나는 사역 초반부터 결단하고 장로 모임에만 정기적으로 참석했다. 다른 모임에도 주기적으로 참석해야 할 때가 있지만 그 빈도는 최소한으로 유지한다. 가끔 위원회에서 개편을 하거나, 사람을 뽑거나, 리더를 훈련시키는 일 때문에 내게 도움을 요청하기도 하지만, 대부분의 경우 그들은 내가 없어도 해나갈 수 있다. 규모가 작거나 쇠퇴하고 있는 교회에서, 장차 교회의 멤버가 될 가능성이 있는 사람과 반드시 접촉해야 하는 한 사람은 바로 당신이다. 다른 임무가 이 일을 가로막지 못하게 하라.

참석하는 모임의 안건을 준비하라

물론 안건을 준비할 필요가 없는 모임도 있다. 매주 단순히 사람들을 만나 교제하고 하나님의 일들에 대해 이야기하려고 약속을 하기도 한다. 당신은 그런 모임을 통해 회중을 알게 되고, 관계가 돈독해지고, 그들의 관심사와 염려와 기쁨을 이해하게 된다.

그러나 어떤 모임들에는 안건을 가지고 간다. 종종 논의할 주제나 질문할 항목을 메모해 가기도 한다. 교인들의 시간은 귀중하고 내 기억력은 허점투성이라서 나는 논의하려는 내용을 미리 기록해 둔다.

사적인 모임에 적용할 수 있는 것은 특히 이사회와 위원회 회의에도 적용된다. 안건 준비 없이 회의를 진행하지 말라.

몇 년에 걸친 사역 기간 동안 내가 출석하는 장로회 모임은 두 시간을 넘기는 일이 거의 없다. 그 이유 중 하나는 준비 덕분이다. 모임이 있기 열흘 전에 나는 장로들에게 안건 초안을 이메일로 보내면서 최종본에 추가하고 싶은 항목을 알려 달라고 요청한다. 최소한 나흘 전에는 최종 안건을 재정보고서와 함께 메일로 보낸다.

아래는 안건 예시이다.

제일장로교회 월례 당회
2016년 9월 16일 오후 6시(회의실)

최종 안건

1. 정족수 충족 선언, 개회 선언, 시작 기도 (목사)

2. 회중을 위한 기도

3. 2016년 8월 19일 회의록 승인 (챌머스 장로, 첨부문서 참고)

4. 재정보고 (캔들리시 장로, 첨부된 손익계산서 및 대차대조표 참고)

5. 선교 (더프 장로)

6. 교육 (벡 장로)

7. 교회 권징 (녹스 장로)

8. 그 밖의 사안

   a. 소식 1 : 양도증서 요청 (챌머스 장로)

   b. 소식 2 : 태풍 피해 주민을 위한 구호물자 요청 (챌머스 장로)

   c. 12월 휴일 일정 (목사)

   d. 그 외

   e. 그 외

9. 다음 회의 일자 및 시간 : 2016년 10월 21일 오후 6시

10. 폐회 선언 및 마침 기도

이 안건과 관련하여 다음의 사항들을 참고하라.

- 본격적인 회의에 앞서 회중을 위해 기도한다. 여기에는 두 가지 이유가 있다. 첫째, 장로들은 그들이 맡아 목양하는 무리를 위해 기도할 준비가 된 상태로 회의에 참석할 것이고, 이를 통해 안건은 장로들의 책임성을 고취시키게 된다. 둘째, 모임 초반에는 장로들이 비교적 활기차고 깨어 있는 때이므로, 가장 좋은 시간에 회중을 위한 기도를 드리게 된다.
- 각 보고가 끝날 때마다 한 장로가 해당 안건과 사람들을 위해 기도한다. 이렇게 함으로써 기도하는 분위기를 조성한다.
- 정규 회의 일정은 월말로 정해 두면 그 회의에서 재정보고를 할 수 있다.
- 혼란을 막기 위해 각 안건을 책임지는 장로의 이름을 표기한다.
- 안건과 관련 문서를 미리 인쇄해 두면, 회의 전에 통상적인 질의응답이 이루어질 수 있다.

시간에 민감하라

당신은 회의 멤버들을 위해 효율적으로 회의를 진행할 의무가 있

다. 당신은 회의 전에 잠깐 낮잠을 자거나 긴 회의를 마치고 늦게 잠자리에 들어 늦잠을 잘 수도 있다. 그러나 장로들은 그렇게 할 수 없다. 당신은 회의를 순탄하게 진행해야 한다.

시간 민감성은 불필요한 회의를 없애는 것을 의미한다. 나는 몇 년을 지내보고 우리 장로들이 1년에 아홉 번의 모임을 할 수 있다는 사실을 알게 됐다. 그래서 긴급 상황이 아니면 12월, 6월, 7월에는 회의를 잡지 않는다. 회중은 지속적인 돌봄을 필요로 하지만 장로들이 끊임없이 회의를 가져야 할 필요는 없다. 그들에게 휴식을 주라.

재정보고서를 꼼꼼히 읽으라

회의 전에 재정보고서를 철저히 읽고 내용을 숙지하라. 문제가 될 만한 부분을 알아 두고 이에 대비하라.

- 예 : 당신은 2월 재정보고서에서 주일 성경공부 담당자(스미스 여사)가 1년 예산의 80%를 소비했다는 사실을 알게 되었다.
- 시나리오 1 : 당신이 재정보고서를 미리 읽어두지 않았고, 따라서 아무 단서도 얻지 못했다. 누군가가 "왜 스미스 여사는 예산의 대부분을 소진한 겁니까?"라고 묻는다. 그리고 30분 동안 장로들은 복장이 터진다. 재정에 관해 예민한 사람이(당신이 사랑하고 이해해야 하는 사람임) 당신을 빤히 쳐다보고 있다. 결국

이러한 혼란은 당신의 책임이다.

- 시나리오 2 : 당신은 재정보고서를 미리 읽어 두었고 사실을 파악했다. (잊지 말라. 사실을 파악해야 한다!) 당신은 성경공부 담당자를 불러서 부장이 1년 치 성경공부 교재를 구입했다는 사실을 알아낸다. 부장은 교재를 미리 구입함으로써 내용을 훑어보고 강의 훈련에 유익을 얻게 되었다. 또한 당신은 그 담당자가 교재를 구입하기 전에 교회 회계에게 미리 연락해 승인을 받았다는 사실도 알게 되었다. 회의가 시작되었고, 아무도 놀라지 않는다. 재정보고서는 별다른 언급 없이 받아들여진다. 모든 일이 순탄하다.

당신의 이메일을 파악하라

누가 나에게 정리하는 것을 도와 달라고 하면 나는 먼저 이렇게 묻는다. "지금 당신의 이메일 계정의 받은메일함에는 이메일이 몇 통이나 있습니까?"

"확인해보겠습니다." 그가 컴퓨터를 켜고 메일을 본다. "1,509통이요."

"그래요. 거기서부터 시작합시다."

이메일은 회의 요청, 미리 읽을 자료, 기도 부탁 등 정보 전달에 있어 유용한 도구다. 그러나 메일함이 뉴스와 광고로 넘쳐나거나, 개인 면담이나 전화로 해결해야 할 논의사항과 대화를 메일로 대체

하는 경우, 이메일은 폭군이 된다.

데이비드 앨런[David Allen][1]의 발상을 빌려 말하자면, 이메일을 하루에 2-3번만 확인하기 바란다. 주의를 산만하게 하는 알림을 끄라. 5분마다 메일함을 들여다볼 타당한 이유란 없다.

메일을 전부 확인하라. 나는 이메일을 확인하는 시간을 따로 두고 그때는 온전히 메일에만 집중한다. 어떤 메시지를 2분 안에 처리할 수 있다면 나는 바로 답장을 한다. 대부분의 경우 삭제된 메일은 분류해 두지 않고, 검색 가능한 파일에 넣어 필요할 때 찾아볼 수 있게 한다.

모든 이메일은 다음의 세 가지 파일 중 하나에 저장된다.

- A 파일 : 시간상 이 파일 안에 있는 이메일은 2분 안에 해결할 수 없으므로 하루 일과의 맨 마지막에 다시 확인한다. A 파일에는 선교사들의 기도 편지가 포함된다. 이 편지들은 나중에 꼼꼼히 읽고 기도하게 된다.

- B 파일 : 프로젝트와 관련된 이메일은 B 파일에 들어가거나 에버노트[Evernote]의 해당 프로젝트 관리 파일에 첨부한다. 긴 회신이나 추가 정보가 필요한 이메일도 B 파일에 들어간다. 또한, 마감일 알림이 설정되어 있다.

---

1. David Allen, *Getting Things Done: The Art of Stress-Free Productivity* (New York: Penguin, 2001), 31 – 35. 나는 몇 년에 한 번씩은 시간 관리와 정리에 대한 책을 읽는다. 내 관리 방법에서 어떤 세부적인 내용은 다른 문헌에서 영감을 얻었을 수도 있는데, 출처는 옛날에 잊어버렸다.

- C 파일 : 여기에는 읽을 자료가 들어가고 회신할 필요가 없는
  것이다.

이메일 뉴스레터는 당신이 실제로 읽는 것들을 제외하고 모두 지우는 편을 추천한다. 남겨둘 뉴스레터를 결정할 때는 다음과 같이 자기 자신에게 물어보라. '하루에 뉴스레터를 읽는 데 시간이 얼마나 걸리는가? 설교를 위한 자료와 가치 있는 책들을 읽는 시간에 비해 불필요하게 많지는 않은가?' 나는 몇 가지 뉴스레터만 구독한다.

중요한 이메일에 집중하지 못하게 하는 잡동사니는 치워 버리라.

혼자서가 아니라 함께 일하는 것이 중요하므로 위임하라

위임은 시간 관리에만 국한된 문제가 아니다. 위임을 통해, 교회 내의 자원자들과 "함께" 교회 행정을 공동으로 발전시킬 수 있다. 위임은 팀을 세우는 일이어야 한다. 사람들이 일손을 거들고 함께 일하는 문화를 조성하는 작업을 하라. 회중과 함께 일할 수 있는 창의적인 방법을 고안해보라. 고독하게 일하지 말라. 함께 일하기를 좋아하는 법을 배우라.

예를 들면 이렇다.

- 교역자가 부족한 교회에서 나는 여건이 되는 사람들에게 주보, 편지, 우편 등을 처리하는 일을 도와 달라고 부탁한다. 내가 스스로 할 수 있더라도 부탁한다. 그들은 나의 짐을 덜어

주고 사역의 동반자가 된다.

- 회중 가운데 병원에서 근무하는 의료계 종사자들에게 심방팀에 합류해 달라고 부탁하라. 입원한 멤버들과 방문자들을 몇 분간 병문안하는 일에 그들이 기꺼이 참여하려 하는가? 당신이 아픈 사람들에게 복음의 위로를 전하려고 노력할 때, 병으로 고통 받는 멤버들은 심방팀으로 온 이 전문가들을 보고 한층 위로를 얻을 수 있다. 함께 하면, 당신 혼자서는 할 수 없는 수준으로 멤버들을 돌볼 수 있게 된다.

- 어떤 멤버가 병원에 갈 때면 우리 사무실 간사는 곧바로 그에게 심방이나 전화를 해줄 장로와 집사를 한 명씩 찾아낸다. 이 작업을 통해 서로에게 반응하는 문화가 조성되고 팀워크가 형성된다.

- 우호적이고 손 대접을 잘하는 성도들에게 부탁해 당신의 교회와 지역사회에 새로 온 사람들을 접촉하고, 교회를 대표해서 그들을 환영하고 식사에 초대하게 하라. 나는 새로운 사람들을 만나는 것을 좋아하지만, 그 일에 교회 식구들 중 다른 사람들이 함께 하면 더욱 좋다.

멤버들에게 진심으로, 그리고 자주 감사를 표하라. 당신과 그리스도의 교회의 사역에 대한 그들의 관심에 대해 당신이 얼마나 감사하고 있는지 그들이 알게 하라.

이름들을 기억하라. 나는 어디에 가든 수첩을 갖고 다닌다. 나는 사람들을 만나면 그들의 이름을 적어 두고, 나중에 그 이름들을 다시 훑어보고 외우려고 노력한다. 나는 이런 방식으로 이름을 기억한다. 약간의 노력을 들이면 당신은 사람들의 이름을 부르며 인사할 수 있게 된다. 주중에 당신의 교회를 방문한 사람들의 이름을 부르면서 기도하면, 그들이 다시 교회에 왔을 때 그들의 이름을 부르며 인사할 수 있다. 그들의 필요를 알게 되면 당신은 그들의 이름을 부르며 기도할 수 있다.

소셜 미디어 사용을 절제하라

소셜 미디어에 대한 내 개인적인 규칙은 간단하다. 소셜 미디어는 내 사역의 연장선에 있다. 우리 교회나 신학교의 사역을 발전시키는 정보가 아니라면 나는 블로그나 페이스북, 트위터에 그것을 업로드하지 않는다.

내 게시글은 보통 두 가지 종류 중 하나다. 즉, 교회와 학교의 행사를 알리는 글이거나 내가 섬기는 사람들의 성취를 축하하는 글이다.

정치적인 논쟁에 대해서는 어떤가? 나는 세상 사람들이, 입후보한 정치인 또는 공공 정책에 대한 내 견해까지 필요하다고 생각하지 않는다. 그 영역은 기꺼이 다른 사람들에게 맡긴다.

개인적인 의견은 개인적으로 나누는 것이 최선이다. 왜 불필요하게 우리 교회의 멤버들이나 멤버가 될 사람들을 불편하게 하는가?

일례로 내가 어떤 후보를 지지한다면, 왜 다른 후보에게 투표하려는 사람을 소외시키는 위험을 감수하는가? 나는 어떤 목사들이나 기독교인 유명 인사들과 달리, 내가 "아무개는 하나님의 후보입니다."라고 선언할 수 있다고 생각하지 않는다.

내가 좋아하든 아니든 내 소셜 미디어는 내가 섬기는 교회를 대표한다고 인식될 것이다. 교회는 특정 후보나 특정 공공 정책을 지지하지 않고, 나도 그렇게 하지 않을 것이다. 내가 내 정치적 신념을 소셜 미디어에 올리면 그것을 읽는 사람들은 그 문제에 대해 내가 교회를 대표해 발언한다는 잘못된 결론을 내릴 수 있다.

나는 교회에서 깊이 고찰해야 하는 시급한 윤리적 문제들을 부정하지 않는다. 당장 생각나는 주제만 해도 낙태, 결혼의 본질, 인종 평등, 가난 등이 있다. 이런 주제들이 성경에 등장한다면 목사는 강단에서 하나님의 생각을 선포해야 한다.

그러나 법률 입안과 공공 정책은 목사나 교회가 할 일이 아니다. 이런 주제에 관심을 갖고 역량도 있는 그리스도인들이 다른 성도들의 이해를 돕고 함께 복잡한 문제에 대해 생각할 수 있도록 토론의 장을 형성할 수 있다. 그리스도인들이 어떤 문제에 대해 동의하면서도 지지하는 공공 정책에 대해서는 동의하지 않는 경우가 종종 있다. 목사는 스스로 그 논쟁에 뛰어들기보다 사람들을 합리적이고 박식한 논의를 진행하는 토론의 장으로 인도함으로써 더 큰 선을 도모할 수 있다.

소셜 미디어에 대한 내 생각을 몇 가지 추가하겠다.

- 목사들은 자신들이 다룰 능력이 되지 않는 복잡한 주제들을 너무 자주 언급한다. 그들은 자기 자신과 교회를 동시에 난처하게 한다.
- 나는 신학적 논쟁을 피한다. 페이스북 게시글은 바람직한 깊은 토론으로 발전하지 않는다.
- 많은 소셜 미디어가 모욕과 인신공격을 조장함으로써 독자를 끌어들인다. 이런 분위기는 내가 우리 교회에 조성하고 싶은 환경과 정반대이다.
- 내가 다른 사람의 페이스북 게시물에 다는 댓글은 일반적으로 축하, 격려, 기도하겠다는 약속 정도이다. 나는 호의적인 분위기를 형성하고 싶다.
- 어떤 목사들은 그들이 재미있다고 생각하는 게시글을 올렸다가 곤경에 처한다. 그들이 재미있다고 생각하는 글이 불필요하게 그들 교회의 멤버들이나 그들 교회를 방문하기 바라는 사람들을 불쾌하게 할 수도 있다. 그러니 조심하라.
- 나는 다른 무엇보다도 복음 사역자다. 그 밖의 모든 것들은 설령 내가 깊이 고수하는 정치적, 정책적 신념이라 할지라도 부차적인 것들이다.

소셜 미디어를 사용할 때는 지극히 조심하라.

결론

당신이 당신의 첫 교회를 유능하게 관리하면 모든 사람이 유익을 얻는다. 무엇보다도 당신이 하나님의 귀한 백성들을 견실하게 돌볼 때 하나님이 영광 받으신다.

"갈등은 하나님을 영화롭게 하고, 다른 사람들을 섬기고, 그리스도를 닮게 성장할 기회를 제공한다… 당신이 복음을 삶으로 살아 내고 하나님의 우선순위를 당신의 우선순위로 삼을 때, 당신은 모든 갈등을 디딤돌 삼아 하나님과 한층 가까운 관계를 맺고, 더욱 충만하고 열매 맺는 그리스도인의 삶을 살 수 있다."

- 켄 샌디 Ken Sande[10]

"보라 형제가 연합하여 동거함이 어찌 그리 선하고 아름다운고."

- 시편 133편 1절

"마지막으로 말하노니 형제들아 기뻐하라 온전하게 되며 위로를 받으며 마음을 같이하며 평안할지어다 또 사랑과 평강의 하나님이 너희와 함께 계시리라 거룩하게 입맞춤으로 서로 문안하라."

- 고린도후서 13장 11절

"그러므로 주 안에서 갇힌 내가 너희를 권하노니 너희가 부르심을 받은 일에 합당하게 행하여 모든 겸손과 온유로 하고 오래 참음으로 사랑 가운데서 서로 용납하고 평안의 매는 줄로 성령이 하나 되게 하신 것을 힘써 지키라."

- 에베소서 4장 1-3절

"하나님의 성령을 근심하게 하지 말라 그 안에서 너희가 구원의 날까지 인치심을 받았느니라 너희는 모든 악독과 노함과 분냄과 떠드는 것과 비방하는 것을 모든 악의와 함께 버리고 서로 친절하게 하며 불쌍히 여기며

서로 용서하기를 하나님이 그리스도 안에서 너희를 용서하심과 같이 하라 그러므로 사랑을 받는 자녀 같이 너희는 하나님을 본받는 자가 되고 그리스도께서 너희를 사랑하신 것 같이 너희도 사랑 가운데서 행하라 그는 우리를 위하여 자신을 버리사 향기로운 제물과 희생제물로 하나님께 드리셨느니라."

– 에베소서 4장 30절–5장 2절

"내가 유오디아를 권하고 순두게를 권하노니 주 안에서 같은 마음을 품으라 또 참으로 나와 멍에를 같이한 네게 구하노니 복음에 나와 함께 힘쓰던 저 여인들을 돕고 또한 글레멘드와 그 외에 나의 동역자들을 도우라 그 이름들이 생명책에 있느니라."

– 빌립보서 4장 2–3절

8장

갈등을 통한 성장

[목표]
갈등을 당신과 당신의 회중의 성화를 위한 수단으로 받아들여
선용하는 방법 배우기

• • •

제정신이라면 갈등을 즐기는 사람이 어디 있겠는가? 그러나 우리가
그리스도 안에서 성숙함으로 성장하는 데 있어 갈등이 어떤 역할을
하는지 이해한다면 갈등은 선물이 될 수 있다.

갈등은 피할 수 없다. 갈등을 피할 수 있다고 생각한다면, 당신의
삶과 사역은 빗나간 기대로 인해 비참해질 것이다.

그리고 얼른 덧붙여서 말하자면, 만일 당신이 갈등을 즐긴다면
당장 목회를 접으라. 논쟁이나 대립을 기대하는 리더는 그리스도의
몸된 교회를 파괴하는 철구鐵球일 뿐이다.

교회의 리더가 몹시 되고 싶어 하던 어떤 사람은 자신에게 대립
과 견책의 은사가 있다고 말했다. 나는 그가 삶의 모든 영역에서 사
람들과 팽팽하게 긴장된 관계를 맺기 때문에 그의 말을 충분히 믿
을 수 있었다! 이런 은사는 하나님의 교회에 없어도 된다.

갈등에 대처할 때 당신이 반드시 명심해야 할 세 가지가 있다.

첫째, 갈등은 삶과 사역에서 고통스러운 부분이지만 목사는 갈등 속에서도 올바른 태도를 유지해야 한다. 그는 품위를 잃지 말아야 한다.

"노하기를 더디하는 자는 용사보다 낫고 자기의 마음을 다스리는 자는 성을 빼앗는 자보다 나으니라"(잠 16:32).

"오직 성령의 열매는…절제니"(갈 5:22-23).

당신이 침착함을 잃고 화를 내거나 남의 기분을 고려하지 않고 함부로 말하면, 당신의 양심이 당신을 정죄할 것이다. 빨리 죄를 자백하고, 하나님의 판결에 동의한 후, 연루된 모든 사람에게 용서를 구하라. 죄를 지었을 때는 성경적 회개의 모범을 보이라.

나는 30년 동안 목회하면서 한 번도 분노의 말을 내뱉지 않았다고 말할 수 있으면 좋겠지만, 실은 그렇지 못했다. 그러나 나는 연루된 모든 사람에게 찾아가 용서를 구했다. 한번 뱉은 말은 주워 담을 수 없다. 어떤 말을 함으로써 따라오는 만족감은 거의 순식간에 사라진다. 그러나 그 말이 일으킨 상처는 남으며, 그에 대한 해결책은 고백과 회개뿐이다.

둘째, 지도자는 갈등을 개인적인 성화의 원천으로, 그리고 교회의 화평과 정결의 원천으로 여겨야 한다.

갈등으로 인한 장점은 무엇이 있을까?

• 우리의 개인적인 죄가 드러난다. 갈등 속에서 마음의 분노, 낙

심, 괴로움, 하나님의 섭리에 대한 불신은 금방 수면 위로 올라
온다. 하나님은 우리에게 회개하고 그리스도를 닮아갈 기회를
주고 계신다.

- 갈등은 우리의 한계를 드러낸다. 갈등 속에서 우리는 우리가
완전한 진리를 알지 못하고, 더 많은 것을 알아야 하며, 우리의
첫 판단이 잘못될 때가 많고, 우리가 소중하게 여기는 해결책
이 항상 최선은 아니라는 사실을 깨닫는다.

- 교리적 논쟁은 오류를 발견하게 하고 그것을 바로잡는 방향으
로 인도할 수 있다(행 15:1-31; 갈 2:1-16). 교회가 이단에 맞서 싸
울 때 교회는 기본인 말씀으로 돌아가 진리의 능력을 다시 발
견할 기회를 갖게 된다. 더 강력하고 더 연합된 교회는 갈등의
열기로부터 나온다.

- 잘못된 교리나 부정한 행실에 대한 교회의 권징은 결코 유쾌
하지 않다. 그러나 권징으로 인해, 타락한 이가 하나님과 그분
의 백성들과의 교제 안으로 회복되는 결과를 맞을 수도 있다.

- 교회의 권징은 회중 가운데 존재하는 완고한 부도덕을 제거함
으로써 교회의 화평과 정결과 명예를 증진시킨다(고전 5:1-13; 딤
전 1:18-20).

셋째, 견고한 관계는 갈등을 완화하고, 방지하고, 줄이는 데 도움
이 된다. 이 점은 아무리 강조해도 지나치지 않다. 좋은 관계를 형성
하는 데에는 긴 시간이 걸리고, 신뢰의 끈이 굳건해지면 장기적이

고 심각한 갈등이 발생할 가능성은 한층 줄어든다. 신뢰는 거저 주어지지 않는다. 신뢰는 노력해서 얻고 끊임없이 지켜야 하는 것이다.

이제 갈등을 헤쳐 나가 하나님께 영광을 돌릴 수 있는 자세와 태도에 대해 알아보자.

기분 상하게 하는 것을 그냥 넘어가주는 법을 배우라

"노하기를 더디 하는 것이 사람의 슬기요 허물을 용서하는 것이 자기의 영광이니라"(잠 19:11).

많은 것들이 화를 돋우기는 하지만 교회의 안녕을 저해할 만큼 결정적이지는 않다. 모든 무례가 당신에게 상처를 주려는 생각에서 비롯된 의도적인 것은 아니다. 대부분의 의견 차이는 장기적인 결과를 가져오지 않는다. 어떤 잘못은 고쳐질 수 없다. 이야기를 할 필요가 있는 것과 그냥 넘기는 편이 나은 것을 구별하라. 사소하고 별로 중요하지 않은 것들로 굳이 갈등을 일으킬 위험을 감수하지 말라.

회중을 위해 포괄적으로 기도하라

포괄적으로 기도하라는 말은 개인이 직면한 문제보다 더 폭넓게 기도하라는 뜻이다. 당신의 회중과 그들의 여러 어려운 관계들, 직업, 시련, 유혹, 육체적 필요, 영적 필요에 대해 생각해보라. 사람들과 겪는 문제를 극복하게 해달라고 구하는 수준으로 기도를 축소시키지 말라. 포괄적인 중보 기도는 성도 전체를 조망하게 하는 건전한 효과를 발휘하고, 긴장된 관계에만 집중하거나 다툼거리에만 집중하지 않게 한다.

격려하고 관심을 표현하는 횟수를 세라

우리는 어떤 사람과의 관계가 껄끄러워지면 그 사람을 피하려 하거나 아니면 분열을 일으킨 바로 그 문제에 대해서만 이야기하려고 한다. 당신이 먼저 그를 격려하라. 칭찬할 만한 것을 칭찬하고, 은혜의 증거가 나타나는 경우에 격려하고, 긍휼이 필요한 경우에 긍휼이 담긴 말을 하라. 이런 식으로 소통하는 횟수가 갈등에 집중한 소통의 횟수보다 훨씬 많아야 한다.

당신의 말이 미치는 영향에 대해 미리 생각하라

어떤 문제에 대해 이야기하거나 우려를 표명해야 한다면 당신의 말이 미칠 영향에 대해 미리 생각해보라. 당신이 직설적인 사람이라는 평판에 자부심을 느낀다면 다시 생각하라. 있는 그대로 말한다는 식의 태도는 통하지 않는다. 성숙한 리더는 자신의 말이 어떻게 받아들여질지 신중하게 생각한다. 논쟁거리를 다룰 때 퉁명스러운 태도는 가장 해롭다. 진실하게 말하되, 상처를 주거나 분노와 방어적인 감정을 불러일으키는 방식으로 말하지는 말라.

교육을 책임지는 장로가 당신에게 다음 학기 주일 성경공부 교재를 추천할 경우, 당신은 "그 교재는 안 됩니다. 교재가 도덕주의적이고, 성경적인 기반이 약하거나 아예 없네요."라고 직설적으로 말할 수도 있다. 그러나 "이 자료를 찾아 주셔서 감사합니다. 시간이 많이 걸렸을 텐데요. 이 교재의 어떤 면이 유용하다고 생각하십니까? 염려되는 점이 있는지요? 이 교재를 검토할 수 있게 해주셔서 감사합니다. 제가 이 교재의 장단점에 대해 조금 말씀드려도 될까요?"라고 말할 수도 있다. 섬김 안에서 당신의 리더의 동역자가 되라.

이메일이나 문자 메시지로 갈등을 해결하려 하지 말라

두 리더의 사무실이 복도 하나를 사이에 두고 있다. 이 두 사람은 몇 달간 수십 통의 이메일을 주고받으며 온갖 주제를 놓고 논쟁했다. 그들은 서로에게 거의 말을 하지 않았고, 그들의 관계는 너덜너덜해졌다. 그들이 컴퓨터를 압수당하지 않았다는 사실이 유감이다. 그랬다면 그들은 얼굴을 맞대고 이야기를 나눴을 것이고, 관계를 유지하고, 서로에게 크게 상처주지 않았을 것이다.

이메일은 모임 일정을 잡고 정보를 전달하는 데는 효과적이지만, 갈등을 해결하는 데에는 쓸모가 없다. 당신은 상대방의 어조를 들을 수 없고, 몸짓을 읽을 수 없고, 의미를 명확히 하거나 오해를 바로잡기가 힘들다. 이메일을 주고받던 중에 관계적인 문제가 생겨날

조짐을 감지하면 전화를 하라. 필요하면 직접 만날 약속을 잡으라.

당신이 누구를 모방하고 있는지 주의하라

20세기 말에 들어서 불과 수십 년 사이에 라디오 프로와 케이블 뉴스는 미국인들의 일상이 되었다. 나는 신학생들에게 유명 방송 진행자들의 성난 어조와 비난하는 방식을 그대로 모방하다가는 분열을 조장하고 그들이 열심히 섬겨야 할 많은 사람들이 떠나갈 것이라고 경고했다. 이는 오늘날에도 마찬가지다. 빈정거리기, 반대하는 이들 비방하기, 교묘한 반박 퍼붓기는 인기를 높이거나 웃음을 유발할 수는 있으나 성경적인 사역에는 적절하지 않다.

개인적으로 나는 라디오 방송과 케이블 뉴스를 대부분 시청하지 않는다. 왜 분노하고 분열을 조장하는 시대정신을 받아들이는가?

잠재적인 갈등을 제거하라

예비 새신자 교육은 협상불가 항목들을 설명하기에 적합한 장소다. 협상불가 항목이란 당신의 교회에서 바뀌지 않을 사항을 말한다. 여기에는 성경적인 원칙과 교회의 우선순위 같은 문제들이 포함된다. 당신의 교회에 대해 알아보고 있는 사람들에게 협상불가 항목들을 미리 알려주어야 한다.

여성들도 교회의 직분에 임명하는 교회를 다니다가 우리 교회를 방문한 사람들이 많았다(우리 교단은 여성에게 직분을 부여하지 않는다). 나는 예비 새신자 교육 때마다 우리 교회에서는 여성을 장로와 집사 직분에 임명하지 않는다고 말하면서, 그 이유에 대해서도 알려주었다. 이에 대해서 질문을 자주 받았고, 내가 제대로 이해하고 점잖게 대답했기를 바란다. 나는 우리 교회의 입장이 협상불가능하며, 반대의 입장을 고수하면서 우리 교회의 멤버가 될 경우 교회가 입장을 바꾸기를 기대해서는 안 된다고 분명하게 밝혔다. 나는 이렇게 말했다. "여러분이 여기 오셔서 기쁩니다. 그러나 여러분이 이런 방식의 성경 해석을 받아들일 수 없다면 여러분은 다른 교회를 찾으셔야 할 것입니다. 저의 도움이 필요하시다면 저는 기꺼이 여러분이 적합한 교회를 찾으실 수 있도록 도와드리겠습니다."

내가 섬기는 교회는 전통적인 예배 순서를 따른다. 우리 교회의 멤버가 되고자 하는 사람들은 그 순서가 바뀌기를 기대해서는 안 된다. 바뀔 가능성이 있는 척하는 것은 그저 '척하는 것'뿐이다. 이는 표리부동한 태도이며 거짓된 입장을 표명하면 반드시 반감과 갈등을 조장하고 만다. 어떤 목사들은 새신자를 받고 싶은 마음에 충족될 수도 없는 것들을 기대하게 만든다. 이런 행위로 인해 미리 피할 수도 있었던 논란의 불씨를 남겨놓게 된다.

또 다른 교회에서는 예배당 건물을 짓는 것보다 교회 성경공부 시설을 마련하는 데 우선순위를 두었다. 예비 멤버들은 그 교회의 멤버가 되려면 수년간 체육관에서 예배드려야 한다는 사실을 받아들여야 했다. 그들은 이런 사항을 도저히 받아들일 수 없으면 다른 교회를 찾아보라는 권유를 받았다.

따뜻하게 말하라. 협상불가 항목들이 왜 바뀌지 않을 것인지 설명하라. 방어하지 말고 비판을 받아들이고 참을성 있게 질문에 대답하라. 어떤 이들은 다른 교회로 떠날 것이다. 그러나 그 편이 불행한 갈등을 몇 년씩 견디는 것보다 낫다. 또 어떤 이들은 예비 새신자 수업을 통해서든 수업 후에든 교회에 등록할 것이다. 또 다른 이들은 당신의 교회에 머무르지만 교회의 모든 입장에 동의해서가 아니라, 자신의 정체성을 이해하고 자신의 신앙고백을 평화적으로 제시하는 교회에 속하고 싶어서 머무른다. 갈등과 성난 언어가 오가는 시대에 평화로운 교회는 평화롭게 예배하고 섬기고 싶은 이들에게 매력적이다.

최종 발언권을 주장하지 말라

의견이 불일치할 때 상대방에게 최종 발언을 하게 하라. 논쟁에서 마지막 발언을 가져가면서 당신의 권위를 남용하지 말라. 합의를 강요하지 말라. 그에게 생각할 시간을 주고 다음 기회에 더 이야기하라.

섬기고, 섬기고, 섬기라…그리고 섬김을 받으라

수년 동안 우리 교회에는 교회의 건축 캠페인, 교회의 권징 집행, 학교에 대한 감독 등 나와 우리 교회 지도자들 사이에 실질적인 갈등이 매우 많았다. 모든 사례마다 오랜 기간에 걸쳐 다각도로 문제를 고찰해본 뒤 결정이 이루어졌다. 모든 결정에 대해 모든 사람이 완전히 만족하지는 않았고, 종종 타협이 이루어졌다. 그래도 우리는 여전히 돈독한 관계다.

계속해서 좋은 관계를 유지할 수 있는 이유에는 여러 가지가 있을 것이다. 물론 제일 큰 이유는 하나님과 그분의 교회에 대한 우리 지도자들의 헌신일 것이다. 그러나 선의가 축적된 또 다른 요인은 내가 일상적인 목회 사역을 통해 그들 가족의 삶에 깊이 참여했기 때문이다(심방, 결혼식 주례, 장례식 집례, 시상식 참석, 자녀 교육, 어려운 때에 함께 하기 등).

지도자들도 내가 아플 때 병문안해주고, 격려해주고, 나의 자녀들을 돌봐주고, 시의적절한 조언을 해주는 등, 선한 지도자들이 그들의 목사에게 하는 일상적인 섬김을 통해 나를 도왔다.

선의는 수년에 걸쳐 형성되고 의견 불일치를 건전한 각도에서 접근할 수 있도록 돕는다.

당신 교회의 지도자들을 섬기라. 그리고 그들의 섬김을 받으라. 그러면 당신은 교회를 신뢰의 장소로 만들어 나가게 될 것이다. 그리고 당신의 교회에서 발생하는 갈등은 당신을 성화시키고, 당신이 사랑하는 회중을 평강과 정결함으로 인도할 것이다.

"책임 맡은 회중 가운데 교리의 변질이나 윤리적 타락이 일어나지 않는지 부지런히 살피는 것은…장로의 직무에 속한다…장로들은 회중의 가정을, 특히 병든 자들의 가정을 방문해야 한다. 장로들은 무지한 자들을 가르치고, 애통하는 자들을 위로하고, 교회의 어린이들을 먹이고 보호해야 한다."
— 미국 장로교회^{PCA} 헌법[11]

"유익한 것은 무엇이든지 공중 앞에서나 각 집에서나 거리낌이 없이 여러분에게 전하여 가르치고."
— 사도행전 20장 20절

"하나님 아버지 앞에서 정결하고 더러움이 없는 경건은 곧 고아와 과부를 그 환난중에 돌보고 또 자기를 지켜 세속에 물들지 아니하는 그것이니라."
— 야고보서 1장 27절

9장
가정 심방[1]

[목표]
가정 심방을 당신의 사역의 핵심 부분으로 여기기

• • •

당신은 성도들을 심방할 때, 말씀을 가정, 병원, 교도소 등으로 가져
가게 된다. 이번 장에서는 체계적인 가정 심방을 다루고자 한다.

성경적인 목사는 목자다. 목자는 자기 양들의 이름을 알고, 양들
의 필요를 알며, 참된 목자답게 긍휼을 갖고 하나님의 말씀을 사용
해 그들의 필요를 충족시켜줄 준비가 되어 있다. 이 성경적인 진리
를 토대로, 교회는 목사와 장로가 교회 멤버들의 가정을 심방하는
오랜 역사를 가지고 있다. W. G. T. 셰드는 다음과 같은 사항을 강
조한다.

---

1. 이번 장의 대부분의 내용은 내가 1995년 〈New Horizons in the Orthodox Presbyterian
   Church〉(정통장로교회의 새로운 지평선)지에 기고한 아티클에 처음 언급한 바 있으며,
   허가를 받고 발췌해 이 책에 싣게 되었다.

목회 심방의 의무를 신실하고 지속적으로 실행하는 것은 은혜의 수단이다. 누구든지 이런 관점에서 심방을 경험해본 적이 있다면 잠시라도 내 말을 부정할 수 없을 것이다. 경건을 고양시키고, 잠재적인 그리스도인의 원칙을 이끌어 내려면 집집마다 다니며 다양한 성격을 가진 사람들, 다양한 수준의 지식을 가진 사람들을 만나 신앙에 대해 토론하는 것보다 나은 적용이 없다.[2]

내가 어릴 적에 다니던 장로교 교회에서는 가정 심방이 목사의 일상적인 사역 중 하나였다. 나에게는 역할 모델이 몇 사람 있지만, 많은 신학생들에게는 그런 역할 모델이 없으며, 어떤 이들은 목사의 심방을 한번도 받아 본 적이 없다. 그러니 가정 심방에 대한 기본적인 내용을 훑어보도록 하자.

가정 심방이 아닌 것

체계적인 가정 심방은 손 대접 사역이 아니다. 나는 보통 손 대접이 건강한 교회들의 필수적인 실천사항이라고 주장한다.[3] 그러나 손 대접이 아무리 중요하더라도 목회 심방의 목표는 아니다.

체계적인 가정 심방은 상담 사역이 아니다. 종종 교회 멤버들은

---

2. William G. T. Shedd, *Homiletics and Pastoral Theology* (New York: Charles Scribner's Sons, 1902), 343.

3. 이 책의 10장을 보라.

성숙하고 경험이 많은 목사와 장로의 상담이 절실히 필요하고, 그러한 필요는 가정 심방을 하는 동안에 발견되기도 한다. 그러나 가정 심방의 목적은 상담이 아니다.

체계적인 가정 심방은 사교 방문이 아니다. 스포츠, 최근에 일어난 일, 날씨에 대한 잡담은 분위기를 편안하게 하고 관계를 형성하는 데 도움이 된다. 그러나 가정 심방은 사교 모임이 아니다.

가정 심방인 것

체계적인 가정 심방은 교회 멤버들이 훈련된 그리스도인의 삶을 살아가도록 도움으로써 그들의 영적 성장을 촉진시킨다. 개인과 가족의 성장을 위해서는 기도, 성경공부, 예배 등 핵심적인 영적 훈련에 대한 헌신이 필요하다. 가정 심방은 이러한 훈련을 양성해야 한다.

"제가 영적인 문제에 대해 말하기 시작하면 멤버들이 어떻게 반응할까요?" 물론 그들이 처음에는 다소 불편해할 것이다. 특히 당신이 섬기는 교회 역사상 심방이 그런 식으로 진행되지 않았다면 더욱 그럴 수 있다. 당신도 불편해질 수 있다! 그러나 가정 심방은 결코 간과해서는 안 될 중요한 목적을 지닌다.

멤버들의 반응에 대해 너무 염려하기 전에, 그들이 멤버십 서약을 준비하면서 이미 영적인 문제에 대한 질문을 받아본 적이 있다는 사실을 기억하라(지금 나는 당신 교회의 멤버들이 멤버로 등록하기 전에 당신과 당신 교회의 장로들과 면담을 했고, 당신이 그 면담 중에 예수 그리스도를 믿는 믿음과 참된 회개의 증거를 규명했다는 것을 전제로 한다). 목사의 심방은 이를 토대로 이루어진다.

당신이 당신의 교회에 체계적인 가정 심방을 도입하고 있는 상황이라면 몇몇 멤버들은 그들의 영적 상태에 관한 직설적인 질문에 대해 불편함을 느낄 수 있다. 그러나 그들은 멤버십 인터뷰를 거쳤기 때문에 적어도 제한된 경험이나마 갖고 있다. 당신 교회의 지도자들이 멤버들의 신앙에 대해 질문하면서 시작한 것 위에 건설하라. 그들의 영적 성장에 대한 관심을 삶의 방식이 되게 하라.

어떤 멤버들은 목사가 심방할 때 자신들의 영적 상태에 관심을 두고 방문한다고 생각할 것이다. 왜 그들을 실망시키는가? 멤버들이 목사가 영적 문제에 대해 말할 것을 예상한다면 그들의 기대를 충족시키라.

가정 심방 일정 짜기

가정 심방은 반드시 일정을 계획한 다음에 이루어져야 한다. 긴급 상황이 아니라면 예고 없는 방문은 무례한 것이다. 전화나 이메일로 일정을 잡는 편을 추천한다. 전화로는 이렇게 할 수 있다. "안, 다음 주 목요일 저녁에 심방을 가려고 합니다. 제가 저녁 7시에 댁으로 가서 당신과 스티브를 45분 정도 만날 수 있을까요?" 전화 통화의 목적은 심방 약속을 잡는 동시에 당신이 그들의 거실에 저녁 내내 머무르지 않는다는 확신을 심어주는 것이다. 하루 저녁에 2-3건의 약속을 잡을 수도 있다.

무엇을 물을 것인가

일상적인 이야기를 나눈 다음, 사람들에게 당신과 교회 장로들은 섬기기 위해 존재한다는 사실을 상기시켜주면 좋다. 당신은 이런 식으로 말할 수 있다. "댁에 초대해주셔서 감사합니다. 아시다시피 우리 교회 장로님들은 우리 멤버들이 그리스도인의 삶을 살면서 성장하는 데 관심을 갖고 있습니다. 오늘 저녁에 여러분의 가족과 하나님의 관계에 대해 이야기를 나눌 기회를 주셔서 감사합니다. 따라서 다음과 같은 질문을 하도록 허락해주시기 바랍니다."

당신은 다음과 같은 질문들을 할 수 있다.

- 당신은 그리스도의 제자로서 어떻게 성장하고 있습니까?
- 당신은 어떤 어려움에 처해 있습니까? 그 어려움에 대처하는 데 있어 우리가 어떻게 도와드릴 수 있을까요?
- 정기적으로 기도하고 있습니까? 개인 기도를 합니까? 온 가족이 함께 기도합니까? 당신의 기도 생활을 위해 우리가 어떻게 도와드릴 수 있을까요?
- 당신의 가정에서는 날마다 가정 예배를 드립니까? 당신의 가정 예배를 위해 우리가 어떻게 도와드릴까요?
- 우리가 당신을 위해 어떻게 기도해 드릴까요?

• 당신이 기도를 부탁한 부분과 관련해서 우리 교회가 당신을 도울 방도가 있을까요?

이외에도 교인들의 특별한 필요에 대해 알게 되면 여러 가지 질문들이 떠오를 것이다.

그리스도인들은 그들의 영적 건강에 대한 진심 어린 관심을 받으면 고마워한다. 당신이 참을성 있게 듣는다면 대부분의 멤버들은 당신의 돌봄에 감사할 것이다.

멤버들이 이전에 눈에 띄지 않았던 물질적, 육체적 필요(막대한 병원비, 실직 상태, 보험금 부족 등)에 대해 이야기하더라도 놀라지 말라. 당신의 교회에 유능한 집사들이 있다면 그들을 통해 이 가정의 문제를 도울 수도 있다. 집사들이 구제 사역을 담당한 경험이 별로 없다면 당신이 그들을 도와 회중의 영적, 물질적 필요를 돌보는 방법을 배우게 할 수 있다.

기도 부탁을 받으면 그 기도 제목을 받아 적으라. 그를 위해 기도하고 며칠 후에 근황을 물어보라. 기도를 부탁한 이에게 기도하겠다고 말해놓고 하지 않는 것은 잘못이다. 또한, 차후에 연락을 하지 않는다면 관심이 없는 것이다. 그 사람은 용기를 내어 자신의 어려움을 털어놓았다. 고난 속에서 씨름하는 가정 옆에 가까이 있으라.

심방 마무리하기

심방을 끝낼 시간이 되면 나는 세 가지 일을 한다.

첫째, 성경 구절을 짧게 나눈다. 예를 들어 시편 119편 105절을 읽고 이 어두운 세상에서 성경은 우리가 걸어갈 길과 걸려 넘어질 장애물을 보여주는 빛으로 작용한다고 강조할 수 있다.

그 다음에는 웨스트민스터 소요리문답 90문을 인용할 수 있다. "하나님의 말씀이 우리로 하여금 구원을 얻게 하는 방도가 되게 하려면, 마땅히 부지런함과 예비함과 기도함으로써 생각하며, 말씀을 믿음과 사랑으로 받아들이고, 우리의 마음에 두고, 우리의 삶에서 실천해야 할 것입니다." 그리고 다음과 같이 할 때 하나님의 말씀이 우리 발의 등불이자 길을 비추는 빛의 역할을 한다고 말해 준다.

- 우리가 말씀을 믿음과 사랑으로 받을 때(그것을 우리에게 주신 하나님의 말씀으로 믿음)
- 우리가 말씀을 마음에 간직할 때(묵상과 암송을 통해)
- 우리가 말씀을 삶에서 실천할 때(말씀이 명하는 대로 행함)

다음으로 나는 우리가 하나님의 말씀을 따라 살 수 있도록 도와 달라고 하나님께 기도하고, 심방하면서 특별히 요청받은 기도 제목과 우리 교회의 한층 폭넓은 필요를 놓고 기도한다. 이렇게 기도하는 이유는 하나님이 기도에 응답하시기 때문이며, 또한 다른 사람이 자신을 위해 구체적으로 소리 내어 기도하는 소리를 듣는 것은 복된 일이기 때문이다. 그들은 당신의 기도에 깊이 감사할 것이다.

마지막으로 나는 그 사람이나 그 가족에게 힘이 될 만한 책이나 소책자, 전도지 같은 것을 주고 온다. 당신이 그 가정을 떠난 뒤에도, 견고하고 성경 중심적인 독서를 통해 당신이 시작한 일이 지속될 수 있다. 셰드는 다음과 같은 현명한 지적을 했다.

> 학구적이고 생각이 깊은 그리스도인은 많이 읽지 않고 별로 생각하지 않는 그리스도인보다 덜 세속적이며 더 진실하다. 목사가 그의 회중을 성화시키려 할 때 회중이 직접 읽고 묵상하는 것보다 더 확실한 수단은 없다. 목사 자신이 말씀을 연구하고 교리서와 신앙 서적을 정독하는 습관을 계발하는 만큼 그가 사역하는 교회를 영적으로 고양시킬 수 있을 것이다.[4]

장로들 참여시키기

심방 사역을 배가시키는 효율적인 방법 중 하나는, 심방할 때 장로들을 데려가는 것이다. 그는 당신의 본을 보고 배우고(어떤 경우에는 당신이 그에게 배우고) 그가 준비가 되면 당신 없이도 심방을 할 수 있게

---

4. Shedd, *Homiletics and Pastoral Theology*, 326.

될 것이다.

장로들이 당신에게 아래와 같은 질문들을 할 수도 있다.

심방대상자가 목사나 교회 프로그램에 대해 불평을 하면 어떻게 하나요? 그가 말한 목사나 책임자에게 해당 문제에 대해 말해도 될지 허락을 구하라. 그러면 그 사람이 그 심방대상자와 만나 이야기하며 해결 방안을 모색할 수 있을 것이다. 이것은 갈등이 아니라 상호 이해를 통한 성장과 그리스도 안에서의 연합을 위한 기회이다.

심방대상자가 병이 들었다면 어떻게 하나요? 야고보서 5장 14-15절에 근거해서 장로는 아픈 사람을 찾아가 그를 위해 기도해주는 일을 특권으로 여겨야 한다고 상기시켜주라.

당장 관심을 기울여야 할 문제를 털어놓았는데, 내가 도움을 주기에 적합하지 않은 경우에는 어떻게 하나요? 장로에게 그 심방을 당신에게로 넘겨 달라고 권하고, 당신이 적절하게 도울 방법을 찾아볼 수 있다.

나는 남자인데 독신인 여자 성도에게 심방을 가야 하나요? 아니다. 장로는 독신인 여자 성도에게 혼자서 심방을 가서는 안 된다. 장로가 혼자 사는 여성의 집을 심방하게 되면 짝을 지어서 방문해야 한다. 고결함과 적정성은 심방을 비롯한 모든 영역에서 교회 생활의 특성으로 나타나야 한다. 마찬가지로 부부가 아닌 이상 남자와 여자가 한 가정을 함께 심방해서는 안 된다.

장로들과 그 여자 교인 사이의 신뢰 관계를 바탕으로 장로 심방이 이루어지는 교회에서는 이런 심방이 어색한 방문이 되어서는 안 된다.

다른 경우, 특히 독신 여성이 교회에 처음 온 경우에 이런 심방은 위축되게 하는 불편한 방문이 될 수 있다. 또한, 불쾌감 이상의 문제가 생길 수 있다. 장로들은 개인 관계에서나 교회에서나 학대받은 경험이 있는 여성에게는 언제나 섬세하게 대처해야 한다.

독신 여성이 우리 교회를 방문하면 내가 아내와 함께 둘이서 그를 심방할 수도 있지만, 우리는 그 성도를 우리 집으로 초대하는 쪽을 선호한다. 여러 해 동안 우리 집 저녁 식탁은 우리 가족의 삶의 일부가 된 독신 여성을 초대하는 자리가 되었다. 신뢰 관계가 구축되고 나면 장로들의 일상적인 목양 사역은 그리스도의 교회 멤버들이 누리는 특권으로 여겨진다.

가정 심방이 불가능할 때

가정 심방을 불가능하게 하는 요인이 몇 가지 있다.

첫째, 당신의 일정이다. 회중의 수가 늘어나면 모든 가정을 매년 한 번씩 심방하는 것조차도 어려운 일이 될 수 있다. 그리고 멤버들의 일정도 있다. 많은 가족들이 너무 바빠서 자기 일정에 가정 심방을 추가하고 싶어 하지 않기도 한다.

마지막으로, 어떤 멤버들은 가정 심방을 원하지 않는다. 그들은 자녀들을 재워야 한다. 당신의 방문을 달갑지 않은 사생활 침해로 생각할 수도 있다. 그러한 생각들을 존중하라. 시간이 지나 그들이 당신을 더 신뢰하게 되면 그들의 생각이 바뀔 수 있다.

솔직히 말해서, 30년 간 목회를 하면서 정기적인 가정 심방은 점점 더 어려워지고 있다. 그래서 나는 차선책을 개발했다. 이것은 이상적인 방법은 아니지만 확실히 유용했다. 심방이 불가능할 때 나는 다음과 같이 한다.

- 전화를 이용하라. 사람들은 당신이 그들의 안부를 확인하는데 익숙해질 것이다. 어떤 이들은 이메일로 미리 통화 약속을 하면 고마워한다. 전화를 걸 때마다 이런 말로 첫 마디를 시작하라. "밥, 지금부터 10분 정도 통화를 해도 괜찮겠습니까?" 시간이 여의치 않을 경우 언제가 더 편한지 물어보라.
- 통화가 끝날 때는 기도하라. 처음에는 전화로 기도하기가 어색할 수도 있다. 그러나 시간이 지나면 사람들은 기도를 기대하게 될 것이다.
- 당신의 사무실이나 식당에서 심방 대상자나 부부를 만나라. 우리 교회 장로들은 내가 심방을 할 부부를 위해 육아 도우미를 고용할 수 있게 허락해주었다.

첫 교회에 부임하기 전에 목사 청빙위원회와 장로들에게 가정 심방이 당신의 사역에서 얼마나 중요한지를 설명하라. 심방을 통해 보이는 당신의 목회적 돌봄은 상호 선의와 사랑을 형성할 것이고,

당신은 하나님이 당신에게 맡기신 영혼들을 위해 중보 기도할 수 있게 매우 잘 준비될 수 있을 것이다.

"우리는 오직 믿음으로 우리가 직면하는 문제들을 정복하는 자들이다. 그리고 나는 그리스도인의 손 대접과 그로부터 나오는 끈끈한 공동체가 우리 신앙생활의 출발점이라고 믿는다. 이를 통해 우리의 믿음이 겉으로 드러나고, 쓸 만해지며, 강력해지기 때문이다. 가정과 지역사회 그리고 지역 교회의 멤버십을 통해 베푸는 손 대접은 우리를 변화시킬 잠재력을 갖고 있다. 손 대접은 그리스도를 통해 서로를 이어주는 '믿음에 의한' 다리와 같다."

– 로자리아 샴페인 버터필드 Rosaria Champagne Butterfield 12

"성도들의 쓸 것을 공급하며 손 대접하기를 힘쓰라."

– 로마서 12장 13절

"그러므로 그리스도께서 우리를 받아 하나님께 영광을 돌리심과 같이 너희도 서로 받으라."

– 로마서 15장 7절

"그러므로 이제부터 너희는 외인도 아니요 나그네도 아니요 오직 성도들과 동일한 시민이요 하나님의 권속이라."

– 에베소서 2장 19절

"우리가 이같이 너희를 사모하여 하나님의 복음뿐 아니라 우리의 목숨까지도 너희에게 주기를 기뻐함은 너희가 우리의 사랑하는 자 됨이라."

– 데살로니가전서 2장 8절

"손님 대접하기를 잊지 말라 이로써 부지중에 천사들을 대접한 이들이 있었느니라."

– 히브리서 13장 2절

"서로 대접하기를 원망 없이 하고."

– 베드로전서 4장 9절

10장
손 대접 실천하기[1]

[목표]
당신의 교회와 당신의 가정을 어떻게 그리스도인과 비그리스도인을
돌보는 장소로 만들지 창의적으로 생각하기

• • •

손 대접은 복음 사역에 대해 닫혀 있는 마음의 문을 열어젖힌다. 당신은 사역 첫해에 손 대접이 매우 귀중한 사역 도구임을 깨닫게 될 것이다.

나는 손 대접을 "그리스도인이 손님이나 낯선 자를 그의 그리스도인 여부에 상관없이 환영하고 사랑하고 돌보고 베푸는 직접적, 개인적 행위"로 정의한다. 손 대접은 자선이 아니다. 자선은 대부분 어려운 상황에 처한 사람에게 중재자를 통해 제공하는 간접적인 돌봄이다. 손 대접은 사람을 직접적으로 상대하며, 상대의 궁핍 여부에 상관없이 누구에게나 제공될 수 있다. 스스로에게 물어보라. "교

---

1 이번 장의 내용은 미시시피주 잭슨시의 지역신문 〈클라리온 레저〉(Clarion Ledger) 2016년 2월 26일자에 게재된 외부 필진 칼럼을 개작해 실었다.

회나 집의 문으로 사람이 들어왔을 때, 그들은 내가 그들을 만나 함께 시간을 보내는 것을 얼마나 기뻐하는지 알게 되는가?" 나는 내 표정, 몸짓, 말투를 통해 그들이 이곳에서 사랑받고 환영받는다는 것을 확실하게 표현하고 싶다.

손 대접은 삶과 죽음의 문제다

고대 세계에서 여행은 위험한 것이었다. 여관은 부도덕의 소굴과 범죄자들이 모이는 장소로 악명이 높았다. 그리스도인들은 집을 개방해 여행 중인 설교자들과 상인들이 묵게 함으로써 기독교적 친교와 복음 전파를 함양하는 피난처를 제공했다.

도시는 무시무시한 장소였고, 폭력과 질병과 위험으로 가득한 곳이었다. 그리스도인들은 낯선 객들에게 그들의 이동과 도시 생활을 수월하게 하는 필수적인 관계망을 제공함으로써 그들을 대접했다. 도시에서 홀로 지내는 것은 위험천만한 일이었다.

당시 손 대접은 삶과 죽음의 문제였다. 오늘날은 어떠한가? 복음의 맥락에서 손 대접은 여전히 삶과 죽음의 문제다.

우리는 그리스도와 단절된 외인이고 나그네였다. 그러나 하나님은 우리 구주 그리스도 안에서 우리를 환영하여 권속으로 맞아들이셨다(엡 2:19). 당신의 회심에 중요한 역할을 한 사람들을 생각해보라. 누군가가 당신을 돌봤고, 그의 우정으로 인해 당신은 복음의 영향을 받게 되었다. 당신에게 손 대접은 영적인 삶과 죽음의 문제였다.

바울이 염려하는 마음으로 고린도에 도착했을 때, 고린도는 폭력과 도덕적 타락과 우상숭배가 넘치는 끔찍한 도시였다. 그러나 하나님은 바울에게 이렇게 말씀하셨다.

"두려워하지 말며 침묵하지 말고 말하라 내가 너와 함께 있으매 어떤 사람도 너를 대적하여 해롭게 할 자가 없을 것이니 이는 이 성 중에 내 백성이 많음이라"(행 18:9-10).

하나님의 백성들이 고린도에 있었다. 그들은 아직 구원의 복음을 듣지도 믿지도 못한 상태였다. 바울은 인내하면서 그들에게 복음을 전했고, 하나님이 그들을 자신에게로 모으셔서 자신의 교회로 만드시는 것을 보게 되었다.

당신이 어디에서 사역하든, 지금 당장은 잃어버린 자들이지만 당신에게서 복음 듣기를 기다리고 있는 하나님의 백성들이 있다. 그들을 마음에 품고 당신의 가정 안으로 환영함으로써 당신은 복음이 전파될 장소를 제공한다.

손 대접은 당신의 교회에 간신히 버티고 있는 자들에게 반드시 필요하다

한 교회가 몇 년 사이에 많은 멤버들을 잃었다. 어떤 멤버들은 직장 때문에 이사를 갔고, 어떤 멤버들은 그 지역에 살지만 다른 교회로 옮겼다. 교회 지도자들은 왜 성도들이 떠났는지 알아보기 위해 설문조사를 했다.

만족한 채 교회를 떠난 멤버들은 교회가 자신들을 잘 돌보았다고 답했고, 불만족한 채 교회를 떠난 멤버들은 교회가 자신들을 돌보지 않았다고 답했다. 어떻게 한 교회가 돌보는 동시에 돌보지 않을 수 있을까?

교회로부터 돌봄을 받았다고 인식한 사람들의 경우에는, 단기간의 질병, 경조사 등의 경험이 있었고 교회는 그 자리에서 그들과 함께했다.

교회로부터 돌봄을 받지 못했다고 인식한 사람들은 고질적인 질병, 우울증, 기독교 신앙에 대한 의심, 오랜 부부 갈등, 반항적인 자녀 등으로 씨름하였는데, 시간이 지나면서 그들에 대한 교회의 관심은 줄어들었다. 그렇다고 교회가 심한 비난을 받을 필요는 없다. 당신도 좀처럼 나아지지 않는 상황에 빠진 사람들을 섬기기에 지쳐서 그들과 거리를 둔 적이 있지 않은가? 하지만 그들이 교회의 돌봄을 받았더라면 얼마나 더 많은 이들이 교회 안에 계속 머물렀겠는가?

나는 교회 안에서 발생하는 이런 치명적인 문제의 해결책이 무엇인지 묻는 질문들을 계속 받아 왔다. 필요한 안식을 찾지 못한 것으로 보이는 멤버들을 어떻게 하면 계속해서 섬길 수 있을까? 멤버들의 고질적인 문제를 어떤 식으로 감내해 나가야 할까?

먼저 핵심적인 선언문으로 시작해야겠다. "하나님의 목사는 하나님의 백성을 포기하지 않는다." 당신의 구주께서 당신을 포기한 적이 있는가? 그들을 인내하라. 그들의 절망에 귀 기울이라. 그들의 아픔에 공감하라. 그리고 교회 지도자들이나 동료 목사들에게 그들의 시련에 대해 이야기하라. 당신에게는 명확하지 않았던 해결책이 그들에게는 명확할 수 있다.

가끔은 다른 교회가 그 멤버들에게 더 효과적인 돌봄을 제공할 수 있다는 사실이 자명해질 때도 있다. 그런 가능성에 대해 이야기 하는 것을 두려워하지 말라. 예를 들어 나는 이혼한 사람들을 대상 으로 탁월하게 목회하는 교회를 몇 군데 알고 있었다. 어떤 이유로 든 당신의 교회가 이혼한 멤버를 제대로 돌보는 데 실패한다면 그 를 돌봐줄 신실한 교회에 연결시켜주라.

손 대접은 목사인 당신에게도 매우 중요한 문제이다. **당신은 교회 의 돌봄을 받는 법을 반드시 배워야 한다.**

나는 이 사실을 서서히 깨닫게 되었다. 입밖으로 말하거나 목사 들에게 나처럼 하라고 충고한 적은 없지만, 나 자신은 교회 지도자 들과 거리를 유지했다. 나는 내가 그들을 섬기기 위해서 존재하지 그들이 나를 섬기기 위해 존재하는 것은 아니라고 생각했다.

그런데 내 건강에 문제가 생기고 목회에 특별히 힘든 문제가 생 겼을 때, 나는 장로들을 찾아가 목사 관리위원회에서 우리 부부를 만나 이야기를 듣고, 상담하고, 격려하고, 기도해줄 것을 부탁했다. 세 명의 장로가 분기마다 그들의 가정에 나와 린을 초대했고, 우리 는 속을 터놓고 솔직하게 이야기할 수 있었다. 건강이 회복된 뒤에 도 우리는 만남을 지속했다. 이제 나는 이들의 도움이 없는 목회를 상상할 수 없다.

이 경험은 내게 손 대접의 중요성을 깨닫게 했다. 즉, 대접을 하는 사람과 대접을 받는 사람 모두 은혜가 필요하다는 것이다. 나에게 있어 가장 배우기 어려웠던 인생 교훈 중 하나는 다른 사람의 친절을 받아들이는 것이었다. 나에게 필요한 친절 말이다!

손 대접은 어떤 형태를 띠는가

손 대접은 다음과 같은 형태를 가질 수 있다.

- 예배에 참석한 방문자 환영하기
- 저녁 식사에 초대하기, 음식 대접하기
- 도움이 필요한 사람에게 우정의 손길 내밀기
- 이사하는 사람 도와주기
- 집 청소해주기
- 죽음을 앞둔 이가 사랑하는 사람들에게 둘러싸여 임종을 맞이할 수 있도록 당신의 집을 개방하기
- 가족과 떨어져 사는 사람을 당신 가족의 저녁 식사에 초대하기

당신은 당신의 교회 안에 어떤 필요가 있을 때 교회가 재빠르게 반응하는 문화를 형성해야 한다. 지역사회에 새로운 사람이 들어오면 교회는 재빠르게 그 사람을 환영해야 한다.

우리 부부는 신혼 초기에 누군가를 대접할 수 있는 모든 기회를 받아들이기로 결정했다. 우리가 대접할 기회를 받아들일 때, 우리는

상대방이 그리스도인이든 아니든, 그에게 우정 어린 손길을 제공하게 된다.

실천적인 조언 몇 가지

- 당신이 기혼자일 경우 배우자와 합의를 하라. 손 대접의 빈도와 형태는 부부가 반드시 함께 결정해야 한다. 손 대접에 대한 당신의 비전을 아내에게 강요할 수 없다.
- 손 대접은 비용을 많이 들여야 하는 것이 아니다. 커피 한 잔이나 후식을 함께 하라. 손 대접은 상대방을 재미있게 하는 것이 아니다. 상대에게 재미를 주려는 것은 그 사람에게 좋은 인상을 남기려는 의도를 갖지만, 손 대접은 환영하고 친구가 되고 위로하고 돌보려는 의도로 제공된다.
- 식사를 대접하는 데에는 비용이 든다. 내가 사역한 교회 중 두 곳에서는 식사를 대접하는 교인들에게 교회 예산을 책정했다. 그들의 비용을 보상해준 것이다. 장로들과 대화해서 장로들이 교회에 미치는 손 대접의 유익을 깨닫게 하라.
- 손님이 준비와 청소를 함께 하게 하라. 처음에는 어색하지만, 이런 식으로 동료애와 우정, 팀워크를 쌓으면 정기적인 손 대접이 한결 손쉬워지게 된다.

나에게는 데살로니가전서 2장 8절이 매우 큰 의미가 있다.

"우리가 이같이 너희를 사모하여 하나님의 복음뿐 아니라 우리의 목숨까지도 너희에게 주기를 기뻐함은 너희가 우리의 사랑하는 자 됨이라."

이 말씀에는 손 대접과 기독교 사역의 기본 정신이 담겨 있다. 즉 복음을 나누고, 당신 자신을 나누고, 부드러운 애정으로 사람들을 대하라는 것이다.

"나 바울은 이제 그리스도의 온유와 관용으로 친히 너희를 권하고."
– 고린도후서 10장 1절

"그런즉 거짓을 버리고 각각 그 이웃과 더불어 참된 것을 말하라 이는 우리가 서로 지체가 됨이라."
– 에베소서 4장 25절

"우리가 그를 전파하여 각 사람을 권하고 모든 지혜로 각 사람을 가르침은 각 사람을 그리스도 안에서 완전한 자로 세우려 함이니 이를 위하여 나도 내 속에서 능력으로 역사하시는 이의 역사를 따라 힘을 다하여 수고하노라."
– 골로새서 1장 28-29절

"그리스도의 말씀이 너희 속에 풍성히 거하여 모든 지혜로 피차 가르치며 권면하고 시와 찬송과 신령한 노래를 부르며 감사하는 마음으로 하나님을 찬양하고."
– 골로새서 3장 16절

"오직 오늘이라 일컫는 동안에 매일 피차 권면하여 너희 중에 누구든지 죄의 유혹으로 완고하게 되지 않도록 하라."
– 히브리서 3장 13절

11장

상담

[목표]
당신이 직접 교인을 상담해야 할 때와
적합한 전문가를 추천해야 할 때를 분별하기

• • •

당신의 목회 첫해에 신중함과 확신을 가지고 상담에 임하라.

신중하게 임하고 당신의 한계를 인식하라

멤버들이 맞닥뜨리는 모든 문제에 대해 상담을 할 수 있는 역량을
지닌 목사는 별로 없다. 사역을 처음 시작하는 목사라면 특히 더 그
렇다. 당신의 한계를 알라. 일이 닥치기 전에 미리 외부 상담사를 알
아 두라.

　당신을 도울 수 있는 사람들을 찾아 둔다고 해서 당신의 목회 사
역 준비가 결코 줄어들지는 않는다. 당신은 회중을 하나님이 기뻐
하시는 삶으로 인도하는 데 있어 하나님의 말씀이 충분하다는 진리
를 확고하게 믿어야 한다.

말씀은 충분하지만 어떤 목사도 완전히 포괄적으로 말씀을 다 붙들고 있지 못하며, 자신의 교인에 대한 이해도 완전하지 못하다. 현명한 목사는 그의 지역 교회의 한계에 국한되지 않고 이용 가능한 모든 경건한 자원을 찾는다.

많은 경우, 약물 남용, 중독, 정신적 외상, 정신 질환, 중독성 약물 복용 등의 진단을 받은 이력이 있는 피상담자는 전문 상담사와 정신과 의사의 도움을 받아야 한다. 전문가를 추천하는 것이 목사의 직무 유기가 되는 경우는 피상담자를 신앙이 없거나 미숙한 상담사에게 보냈을 때뿐이다. 그러므로 전문가를 추천하기에 앞서, 합당한 전문가인지 알아보는 당신의 소임을 다하라.

경건하고 유능한 상담사는 당신의 목회에서 협력자가 되어, 그의 숙련된 처방을 통해 당신의 목회적 돌봄을 강화할 수 있다. 기억하라. 당신은 전문가를 추천해준 뒤에도 여전히 그 멤버의 목사이다. 당신은 계속 그리스도 안에서 그 교인의 거룩함을 추구해야 한다. 유능한 상담사를 추천하는 일은 한층 폭넓은 기독교적 지혜와 전문적 지식을 통한 회중의 유익을 가져온다.

지금 당장은 당신의 경험과 기술이 부족하고, 그래서 당신이 제공할 수 있는 돌봄의 범위는 제한된다. 그리고 전문가 추천이 필요한 또 다른 이유는 시간이다. 당신이 유능한 상담 기술을 지니고 목회를 시작했다 하더라도, 여전히 상담사와의 협력 관계를 구축하는 일이 필요하다. 당신은 성장하는 교회의 각 교인의 문제에 일일이 깊이 관여할 수 없다. 필요가 너무 크다. 그리고 정말 슬픈 사실은,

당신의 상담 능력이 뛰어나면 뛰어날수록 더 많은 사람들이 당신과 상담하고 싶어 한다는 것이다. 당신이 조심하지 않으면, 설교와 가르침을 준비하고 일상적인 목회적 돌봄과 교회 행정 관리에 쏟아야 할 시간이 없어질 것이다. 애석하게도 당신이 상담사로서 얻는 성공은 하나님이 부르신 목양 사역의 실패를 초래할 수 있다.

대부분의 목사들이 사역 초기에는 상담에 익숙하지 않다. 상담 기술이 능숙해지는 데에는 시간과 경험이 필요하다. 따라서 상담사와 협력 관계를 구축하는 것이 매우 중요하다. 당신은 당신의 능력의 한계 너머로 금세 밀려날 수 있고, 당신의 교회도 마찬가지다. 우리 사회의 도덕적 붕괴가 무서운 속도로 가속화되면서, 성숙한 교회라 할지라도 상담이 필요한 멤버들의 필요에 압도될 수 있다. 교회에는 세대에서 세대를 거쳐 전달되는 무책임한 행위들(중독, 정신적 외상, 가족 제도 붕괴 등)이 유발하는 장기적인 결과를 적절하게 관리할 인적 자원과 실천적인 요령이 부족하다.

좋은 상담사가 당신을 도움으로써 피상담자가 한층 넓은 범위의 그리스도의 몸에 연합되게 할 수 있다. 상담사는 죄의 심각한 약탈 때문에 발생한 문제들을 구체적으로 다룬다. 경험이 많은 이들은 이런 문제들을 가장 유능하게 대처할 수 있다.

또한, 현명한 전문 상담사는 일반적인 행동 양상과 변화에 필요한 성경적인 처방을 분별한다. 그는 경험을 통해 회개가 어떤 형태로 나타나는지, 믿음의 삶이 어느 방향으로 나아가야 하는지 이해한다.

나는 경험이 많은 목사이고 상당히 많은 상담을 했다. 그러나 나 또한 여전히 도움이 필요하다. 몇 년 전에 나는 우리 신학교의 상담 프로그램에서 한 동료와 이야기를 나눴다. 당시에 나는 그 동안 다뤄본 적 없었던 사악한 행동 유형에 대해 어떻게 상담해야 할지 조언이 필요했다. 그런데 나로서는 처음 접하는 행동 유형이었지만, 내 동료는 너무나 많이 보아 온 유형이었다. 나는 그의 다년간의 경험과 연구 결과 덕분에 그 문제를 현명하게 상담할 수 있었다. 당신은 첫 교회에서 이런 도움이 필요할 것이다.

상담에 신중하게 임하라. 그리고 당신의 한계를 인식하라.

확신을 갖고 상담하라

상담에 신중하게 임해야 하지만, 그럼에도 확신을 갖고 상담해야 한다. 당신은 당신의 양들을 격려하고, 인도하고, 훈계하고, 보호하는 하나님의 목자다. 목회 상담과 관련하여 당신이 유념해야 할 핵심 요소들을 소개한다.

기도하라

피상담자들을 기억하고 은혜의 보좌 앞에서 그들을 위해 간구하라. 하나님만이 마음과 생각을 여신다. 하나님은 절망한 자의 마음에 소망을 주시고, 상한 영혼을 위로하시고, 잃어버린 자를 찾으시고, 규모 있고 올바른 습관을 정립할 힘을 주신다. 개인 기도시에 피상담자들을 위해 중보 기도하라. 그리고 그들과 함께 소리 내어 기도하라. 당신이 소리 내어 기도할 때, 당신은 마음속에 지닌 염려를 하나님 앞에서 입밖으로 표현하고 그분의 도움을 구하는 방법을 그들에게 가르친다.

상담을 폭넓게 정의하라

상담을, 사람들이 당신의 도움을 필요로 할 때 목사의 사무실에서 이루어지는 제한적인 활동이라고 생각하지 말라. 그것은 상담의 작은 부분에 불과하다.

당신은 설교를 할 때마다 책망과 바르게 함과 의로 교육하는 말씀을 선포한다(딤후 3:16). 당신은 부활하시고 통치하시는 그리스도의 말씀을 선포한다. 그분은 그분의 백성의 성화를 위해 필요한 것들을 준비해 놓으셨다. 성경적인 설교는 사람들로 하여금 양심을 더럽히고 관계를 망치는 죄를 멀리하게 하는 특징을 지닌다.

성경적인 가르침은 강단에서든 상담 시간에든, 성도에게 의를 가르치고 죄악된 습관에서 벗어나 경건한 습관을 개발하도록 돕는다. 당신은 훈계와 가르침으로 그리스도를 닮은 성숙한 사람들을 세우기 위해 수고한다(골 1:28-29).

학생이 되라

목회 상담 서적과 잡지의 기사들을 읽으라. 경험 많은 목회 상담사와 이야기를 나누라. 상담에 관한 온라인 수업을 수강하면 풍부한 자료를 이용할 수 있다.

상담 기회는 많다

내 사역 초기에는 재정 상담에 대한 자료가 거의 없었다. 나는 사람들이 지출 예산을 세워 이를 지키고, 빚을 갚기 위한 전략을 개발하도록 도와줄 능력이 내게 있음을 알게 됐다. 개인 컴퓨터가 보급되기 이전에, 나는 멤버들의 이력서를 타이핑해주고, 면접 코치를 해주고, 가능한 경우에는 내가 아는 사업가들에게 그 이력서를 돌렸다.

예산 세우기와 이력서 준비가 목회 사역이나 상담과는 한참 동떨어져 보일지 모르지만, 실은 그렇지 않다. 재정적인 규율과 구직은 가족과 교회의 수입 공급에 필수적이다. 이 영역에 초점을 맞춘 시간은 필연적으로 신앙생활, 하나님에 대한 신뢰, 경건 훈련, 가정의 화목 등 여러 주제들에 대한 대화로 이어졌다.

참을성 있게 들으라

상담시에 서둘러서 조언하려 하지 말라. 솔로몬은 이렇게 충고한다.

"사연을 듣기 전에 대답하는 자는 미련하여 욕을 당하느니라"(잠 18:13).

해결책을 빨리 제시하려는 충동을 억제하라. 당신이 미처 이해하지 못한 상황에 대해 섣불리 이야기하면, 사람들의 반감을 사고 결국 당신에 대한 신뢰는 하락한다. 그들은 몇 년을 씨름했을지도 모를 문제와 죄를 안고 당신을 찾아올 것이다. 당신이 정말로 단 몇 분 만에 해결책을 제시할 수 있다고 생각하는가? 당신 앞에 있는 사람을 보살피려면, 당신은 대답을 하려는 목적으로 듣는 게 아니라 그를 이해하기 위해서 들어야 한다.

공정하라

"송사에서는 먼저 온 사람의 말이 바른 것 같으나 그의 상대자가 와서 밝히느니라"(잠 18:17).

결혼 생활의 갈등이든 두 교인 사이의 갈등이든, 가능한 모든 당사자들의 입장을 들어 보는 편이 유익하다. 당신은 어떤 사람들이 조언을 받으려고 목사를 찾아오기보다 자기를 지지해주기를 바라는 마음으로 찾아올 때가 있다는 것을 알아야 한다. 그들은 분노에 눈이 멀거나 자신의 동기를 자각하지 못한 채, 싸움에서 이기거나 상대방을 강제로 바꾸고 싶어 한다. 그들에게는 하나님의 영광보다 자신의 정당성을 인정받는 것이 더 중요하다.

개인적인 상담을 받으라

당신이 피상담자가 되어 능숙한 상담을 받는 부수적인 유익 중 하나는 당신의 상담사가 당신의 역할 모델이 된다는 것이다. 문제가 위기로 치닫기까지 기다리지 말라. 현명한 목사와 전문 상담사에게서 유익을 얻으라. 그들은 그리스도 안에서 당신의 성장을 촉진시킬 뿐 아니라 상담을 하는 방법을 보여주기도 한다.

린과 나는 다른 목회적 소명으로 고민하게 되었을 때, 부부 상담에 유능하고, 적절한 질문과 상호 이해를 바탕으로 결정하도록 돕는 전문 상담사를 찾았다. 당시 우리 부부는 갈등을 겪은 것이 아니라, 현명한 결정을 하고 싶을 뿐이었다. 우리 상담사는 분명한 방향을 보여주었을 뿐 아니라 내게 상담의 본보기가 되었다. 그리고 그때의 경험은 지금까지도 매우 유용하다.

어떤 상황들은 좀처럼 변화되지 않는다

어떤 질병은 치료되기가 매우 어려운 것처럼, 관계의 문제도 마찬가지다. 복음을 완고하게 거부하는 배우자, 제멋대로 구는 자녀, 고질적인 우울증 등 오랫동안 거의 변하지 않는 문제들이 있다. 그렇다고 해서 상황 변화를 위한 기도를 그치라는 것이 아니다. 고난 가운데 하나님을 높이고 어려움 가운데 평강을 찾기 위해 훨씬 집중해서 기도해야 한다.

실망을 예상하라

사람들이 당신을 실망시킬 것이다. 성경적으로 상담해주어도 여러 번 거절을 경험할 것이다. 어떤 부부는 상당한 진전을 보이는 것 같다가도 한쪽이 결혼 생활을 포기해 버린다. 죄악된 습관이 확실하게 뿌리 뽑힌 것 같다가도 결국 되살아난다. 궁극적으로는 의의 추수로 귀결될 많은 상담들이 절망적인 역행으로 훼손된다.

여러 번 실망할 것을 예상하라. 주께서 당신을 오래 참으셨듯이 오래 참으라. 주께서 당신을 인내하셨듯이 인내하라.

당신은 스스로를 실망시킬 것이다. 불가피하게 당신의 상담이 잘 못될 때가 있을 것이다. 당신이 사실을 잘 파악하지 못했을 수도 있다. 시간이 지나고 나니 그때 선택하지 않은 유용한 방법이 드러날 수도 있다. 상담을 했는데, 시간이 흘러 경험이 쌓이고 성숙하자 과거의 상담은 전혀 현명하지 않았던 것 같이 느껴진다. 이런 생각은 도움이 되지 않는다. 우리의 죄악을 차치하고도 우리는 유한한 존재들이다. 어려움에 처한 사람들에 대한 우리의 통찰력은 절대로 완벽하지 않다.

자신에게 실망하더라도 당신은 목회적 소명에 대한 확신과 멤버들에 대한 사랑으로 인해 계속 섬기게 될 것이다. 무엇보다도, 당신이 개인적으로 "자비의 아버지시요 모든 위로의 하나님"과 교제할 때 용기를 얻을 것이다. 하나님이 우리를 고난 중에 위로하시므로 우리는 "우리를 위로하사 우리로 하여금 하나님께 받는 위로로써" 고난 받는 이들을 위로할 수 있다(고후 1:3-4).

"그러므로 사람이 부모를 떠나 그의 아내와 합하여 그 둘이 한 육체가 될지니 이 비밀이 크도다 나는 그리스도와 교회에 대하여 말하노라 그러나 너희도 각각 자기의 아내 사랑하기를 자신 같이 하고 아내도 자기 남편을 존경하라."

– 에베소서 5장 31-33절

12장

결혼식

[목표]

첫 결혼식 주례를 서기 전에 당신이 해야 할 일을 목록으로 만들기

결혼식 주례는 사역 가운데 큰 기쁨이다. 이를 위해 미리 준비해두라.

• • •

결혼식 주례를 부탁받는 것은 영예로운 일이다. 당신은 서로를 위해 그리고 하나님을 위해 평생 섬길 준비를 하도록 도왔던 두 사람의 결혼식에 참여하는 것이다.

결혼을 앞둔 예비부부를 준비시킬 때 목사가 참고할 좋은 자료들이 많다. 이 장에서 나의 목적은 포괄적인 지침을 제공하는 것이 아니라, 당신이 처음 맡게 될 주례와 예비부부에 대한 책임에 대해 생각할 때 유념해야 할 몇 가지를 살펴보는 것이다. 결혼은 즐거운 일이지만, 당신과 새 부부 그리고 교회에 어려움을 불러올 수 있는 몇 가지 함정들이 있다. 그러나 이 함정들은 당신이 첫 주례 부탁을 받기 전에 신중하게 생각하면 대부분 피할 수 있다.

당신이 새로 섬기는 교회의 결혼식 규정부터 살펴보자. 첫 교회에 부임하자마자 서면으로 작성된 결혼식 규정이 있는지 확인해보

라. 이 규정은 다음과 같은 기본적인 사안을 다루어야 한다.

- 교회 멤버들과 그들의 자녀만 교회에서 결혼식을 올릴 수 있는가, 아니면 멤버가 아닌 사람들도 결혼 예식을 신청할 수 있는가?
- 혼전 상담이 요건인가?
- 결혼식 신청서를 누가 승인하는가? 장로인가, 목사인가, 장로와 목사 모두인가?
- 결혼식에 어떤 음악이 사용될 수 있는가? 누가 연주나 노래를 하는가? 연주자와 음악에 대한 최종 결정은 누가 하는가?
- 플래시 촬영에 대한 제한 규정이 있는가?
- 양초를 사용하는가? 예배당 앞쪽의 기물들을 재배치할 수 있는가?
- 예배당 사용료와 연주자 및 관리 요원 수고비는 얼마인가?
- 혼인 서약서는 규정되어 있는가, 유동적인가?
- 교회는 누가 결혼식 코디네이터로 섬길지 확인하는가?
- 교회에서 하객 접수대와 식당을 사용하는 규정은 무엇인가? 술을 제공할 수 있는가?

교회의 결혼식 규정을 무시하지 말라. 교회의 방침에 맞지 않는 결혼식을 섣불리 진행하다가는 논란에 휘말려 사역에 방해가 될 수도 있다. 교회에 결혼식 규정이 없으면 약간의 조사를 해보고 장로들에게 기본적인 지침을 정하자고 권하라. 지도자들은 누가 교회에서 결혼식을 할 수 있는지, 결혼식에 어떤 것이 허용되는지 합의를 해야 한다.

안타깝게도 (미국은) 법적, 도덕적 분위기가 급격하게 변하고 있기 때문에, 변호사에게 교회의 결혼식 규정 검토를 요청하는 편이 신중한 대처가 될 것이다. 특별한 주의사항은 멤버가 아닌 외부인의 결혼식이다. 당신이 윤리적인 이유로 시설 대여를 거부하면, 그것이 차별에 대한 고발로 이어질 수 있다. 그러므로 소송을 당할 위험을 검토하라. 소송 가능성 때문에 어떤 교회에서는 건물 대여를 멤버들과 자녀들의 결혼식에만 제한하기도 한다.

당신이 부임한 첫 교회에 결혼식 규정이 없다면, 어느 예비부부가 당신에게 첫 주례를 부탁하는 일이 생기기 전에 이렇게 하라고 조언하겠다. 장로들에게 두 가지 이유 때문에 그들의 승인 없이는 결혼식을 집례하지 않겠다고 하라.

첫째, 당신은 장로들의 지혜가 필요하다. 그들은 그 예비부부와 수년간 알고 지냈고 교회 내에서 가족들의 활동에 대해서도 잘 알 것이다. 당신이 첫 주례에 대해 생각할 때, 이 진리를 기억하라.

"의논이 없으면 경영이 무너지고 지략이 많으면 경영이 성립하느니라"(잠 15:22).

결혼과 결혼식에 관한 모든 문제에 있어 장로들의 조언을 기대하라.

둘째, 당신은 그들의 보호가 필요하다. 결혼식 집례를 거절해야만 한다면 가능한 당신의 그 결정 뒤에 장로들이 있어야 한다. 예를 들어, 교회 안에서 유명한 집안이 당신에게 그들의 자녀와 불신자 간의 결혼식에서 주례를 맡아 달라는 부탁을 했다고 가정하자. 당신은 부탁을 거절할 때 교회 직분자들의 지지가 필요할 것이다.

결혼식 규정을 제정하는 데에는 시간이 걸린다. 그러니 규정이 필요해지기 전에 장로들과 함께 근본적인 사안들에 대해 의논해 두라. 당신의 임기 초에 다음 세 가지 규정의 승인을 받으라.

- 장로들은 교회 결혼식에 대한 모든 요청을 승인해야 한다.
- 예비부부들은 결혼식 승인을 받기 전에 당신이나 다른 적합한 인물과의 혼전 상담 일정을 정해야 한다.
- 당신은 어떤 상황에서든 신자와 비신자의 결혼식을 집례하지 않을 것이다. 이는 최소한 결혼하려는 두 사람 모두 성경적으로 신실한 교회의 멤버여야 한다는 것을 의미한다.

시간이 흐르면서 그 밖의 규정들도 세울 수 있지만, 위 세 가지는 기본적인 항목들이다.

이제 당신에게 결혼식 집례를 부탁하는 예비부부에 대해 이야기해보자. 이들과의 대화를 어떻게 시작하겠는가?

- 그들에게 당신이 그들의 결혼 소식에 매우 기뻤고, 결혼식 주례를 부탁받아 영광이며, 그들에게 있어 특별한 순간에 뜻깊

은 역할을 맡게 되어 기쁘다는 뜻을 전달하라.

- 만일 그들에 대해 잘 모른다면, 그들의 이야기를 들려 달라고 청하라. 그들은 어떻게 만났고, 어떻게 결혼을 결심하게 되었는지 물어보라.
- 당신의 교회가 그들을 위한 최선을 원하고, 그러기 위해 장로들은 결혼식 진행에 동의하기 전에 그들 예비부부가 혼전 상담 과정을 이수하길 요구한다고 설명하라. 혼전 상담은 당신이나 다른 적합한 인물이 담당할 수 있다.
- 모든 결혼식은 장로들의 승인을 받아야 한다고 설명하라.
- 대화를 나누는 동안 그들의 결혼이 가능한 가장 좋은 모습으로 시작되기를 바라는 당신의 진심 어린 소망을 전달하라.

혼전 상담의 기본은 무엇인가[1]

혼전 상담에서 당신이 예비부부에게 깊이 각인시켜야 할 핵심 원칙은 "결혼은 문제를 해결해주지 않는다"는 것이다. 어떤 남자가 결혼 전에 습관적으로 화를 잘 냈다면, 그는 결혼한 뒤에도 쉽게 화를 낼 것이다. 어떤 여자는 어리석게도 결혼을 하면 그 남자의 행동이 바

---

1. 가능한 한, 예비부부는 결혼 직전이 아니라 약혼 전에 상담에 동의해야 한다. 반지를 교환하고, 날짜를 정하고, 양쪽 집안이 얽히게 되면 결혼을 해야 한다는 압박에 떠밀릴 수 있다. 예비부부가 혼전 상담을 받으면서 그들의 결혼이 현명하지 못한 선택이라고 생각하게 될 수 있지만, 당혹스러운 상황을 피하려고 결혼을 강행할 수 있다. 약혼을 발표하기 전에 결혼을 하지 않기로 결정하는 편이 훨씬 낫다.

꿜 것이라고 생각한다. 이와 비슷하게 어떤 남자는 고질적으로 불평이 많은 약혼녀가 자기와 결혼을 하면 나아질 것이라고 스스로를 기만한다. 무분별한 소비를 하는 두 사람이 만나면 재정적으로 무분별한 결혼 생활을 하게 된다. 잘 기억하라.

혼전 상담에서 예비부부는 둘이 함께 문제를 해결하는 능력을 시험하게 될 것이다. 의견 차이가 성난 말이나 회피로 이어지는가, 아니면 정직하게 말하고, 참을성 있게 듣고, 좋은 질문을 하고, 존중하면서 문제를 해결해 나갈 수 있는가? 당신이 상담하면서 피상담자에게 말을 많이 하는 경향이 있다면, 반드시 절제하라. 말이 지나치게 많은 목사는 잘 듣지 못한다. 훈계해야 할 때가 있지만, 예비부부는 서로 이야기를 나눌 필요가 있고, 당신은 그들의 대화를 이끌어내는 질문을 하는 방법을 배워야 한다. 주의 깊게 듣는 훈련을 하라. 좋은 목사는 잘 듣는 사람이다.

혼전 상담에서 어떤 주제를 다루어야 하는가

개인 신앙. 두 사람 모두 그리스도 안에서 공적인 신앙고백을 했는가? 이들은 성경적으로 신실한 교회 안에 바르게 선 멤버인가? 이들은 정기적으로 교회에 출석하는가? 교리와 예배, 주일 성수에 대해 같은 자세를 공유하는가? 교회의 예배와 사역을 지지하는가? 기독교 윤리를 바르게 이해하고 헌신하는가? 각자 경건 생활을 하는가? 가정 경건 시간과 가정 예배에 대해 어떤 기대를 갖고 있는가?

거룩함. 두 사람은 각자 정직하게 다음의 질문에 대해 생각해보아야 한다. 우리의 관계는 나의 개인 경건 생활에 더 헌신하게 하는가? 우리의 관계는 하나님과 하나님의 교회에 대한 헌신을 더욱 강하게 하는가? 우리는 기독교 윤리에 대한 공유된 헌신을 기반으로 관계를 형성했는가, 아니면 상대방과의 관계를 성취하고 유지하기 위해 내 기준을 낮췄는가?

집안 내력. 양가 부모 모두 이 결혼에 찬성하는가? 두 사람은 어떤 가정에서 성장했는가? 양가 가족은 생일과 공휴일을 어떻게 기념하는가, 개인적인 성취를 어떤 식으로 인정하는가? 두 사람은 각각 부모에게서 문제를 처리하는 방식을 배웠는가? 예비 남편은 자신의 어머니를 어떻게 대하는가? 자기 어머니를 업신여기는 아들은 자기 아내에게도 거의 틀림없이 같은 행동을 취할 것이다.

개인의 이력. 이 주제는 어려운 질문들을 포함한다. 그들은 전에 결혼한 적이 있는가? 모든 신체적, 정신적 건강 문제를 공개하고 의논했는가? 과거의 관계와 성적 경험에 대해 이야기를 했는가? 이전의 결혼이나 다른 관계에서 생긴 자녀가 있는가? 부모와 양부모가 재혼 생활에서 기대하는 바는 무엇인가?

혼인 서약. 혼인 서약서를 검토하라. 이때 결혼의 성경적인 토대를 제시할 수 있다. 예비부부는 결혼의 성경적인 토대에 대해 이해하고 동의하는가?

재정. 두 사람은 돈에 대해 어떤 가치관을 갖고 있는가? 모든 빚을 공개했는가? 각자 개인 예산을 세우는가? 이들은 가족 예산에 대해 의논했는가? 교회 헌금을 포함해 돈의 사용처에 대해 비슷한 견해를 갖고 있는가? 재정 관리 세미나에 참석해야 하거나, 건전한 재정 조언을 해줄 성숙한 그리스도인과 만나야 할 필요가 있는가?

일. 그들이 일에 대해 어떤 태도를 갖고 있는가? 나는 근면 성실한 여성이 "철부지 남자"와 결혼하는 경우를 종종 본다. 그는 열심히 일하고, 안정적인 수입을 올리고, 교회를 섬기고, 가사일을 돕고, 가족들과 시간을 보내기보다 비디오 게임과 스포츠 경기 관람에 막대한 금액을 소비한다. 일에 대한 미숙한 태도는 결혼 생활을 금세 슬픔으로 가득 채워버리고 만다.

오락과 여가. 그들이 생각하기에 이상적인 자유 시간은 무엇인가?

성관계. 성에 대한 두 사람의 태도와 기대는 무엇인가? 음란물에 관심이 있지 않은지 세심하게 관찰하라. 결혼 전에 죄를 털어놓고 회개하지 않으면 결혼 후에도 계속될 것이다. 기억하라. 결혼은 문제를 해결해주지 않는다.

자녀. 두 사람은 몇 명의 자녀를 기대하는가? 자녀를 어떻게 양육하고, 어떤 식으로 교회 생활에 참여하게 할 것인가?

당신은 잘 들어야 한다. 예비부부가 문제에 대해 어떻게 대화를 나누는지 관찰하라. 어려운 문제를 회피하려 하는가? 서로를 존중하지 않는 징후가 있는가? 개인적인 문제에 대해 이야기할 때 서로를 헐뜯는가, 혹은 제3자를 비난하는가? 둘 중 누군가가 잘못된 행동이나 결정에 대해 책임을 회피하는가?

목사의 의례

신입 목사로서 당신은 다른 교회의 멤버인 가족과 친구에게서 결혼식 집례를 해달라는 요청을 받을 것이다. 결혼식이 거행될 교회의 담당 목사로부터 승인을 받지 못했다면 당신은 절대로 그 부탁을 승낙해서는 안 된다. 그가 그 성도들의 목자이고, 그가 승인했을 경우에만 당신은 그의 들판에서 수고할 수 있다.

나는 우리 아들들 중 한 명과 그의 약혼녀로부터 그들의 결혼식에 주례를 서 달라는 요청을 받았을 때 몹시 기뻤다. 그러나 나는 이렇게 대답했다. "너희 목사님이 내게 결혼식 집례를 도와 달라고 요청하신다면 내가 기꺼이 하마." 다행히도 그 목사가 내게 요청을 했고, 우리는 함께 결혼 예배를 인도했다. 당신이 해당 교회의 담당 목사에게서 초대를 받지 않았다면 절대로 다른 교회에서 어떤 목회적 임무이든 수행하지 말라.

결론

예수님의 첫 기적은 가나의 혼인 잔치에서 이루어졌다. 예수님은 한 부부와 그들의 가족과 함께 그 자리에 참석하시고 기뻐하셨다. 기독교 결혼 예식을 진행할 때 당신 앞에 즐거운 일들이 많이 생길 것이다. 혼전 상담으로 건강한 토대를 쌓아 두면 훨씬 더 즐거운 자리가 될 것이다. 결혼식 주례를 부탁받는 것은 진실로 영예로운 일이다!

"주 예수님은 그분의 친구들의 일을 다루면서 실수하시지 않습니다. 그분은 완전한 지혜로 그들의 관심사를 다루십니다. 그들에게 일어나는 모든 일은 하나같이 적실한 때에 합당한 방식으로 이루어집니다. 그들의 영혼이 필요로 하는 한, 건강만큼 병도 허락하시고 기쁨만큼 슬픔도 허락하시며 부유함만큼 가난도 허락하십니다. 그들을 의의 길로 인도하시고 하늘 도성에까지 이끄십니다. 지혜로운 의사와 같이 때로는 쓰디쓴 약을 처방하시기도 합니다. 다만 꼭 필요한 만큼만 그렇게 하십니다. 그들은 실수가 없으신 예수님이 자기들을 다루시는 방식을 오해하기도 합니다. 어리석게도, 자기의 삶에 다른 섭리를 허락하셨으면 더 나았을 것이라고 생각하기도 합니다. 하지만 부활의 아침이 오면 하나님이 그들의 뜻이 아닌 그리스도의 뜻대로 이루신 것에 안도하며 감사를 드릴 것입니다."

– J. C. 라일 J. C. Ryle 13

"예수께서 모든 도시와 마을에 두루 다니사 그들의 회당에서 가르치시며 천국 복음을 전파하시며 모든 병과 모든 약한 것을 고치시니라 무리를 보시고 불쌍히 여기시니 이는 그들이 목자 없는 양과 같이 고생하며 기진함이라."

– 마태복음 9장 35–36절

"찬송하리로다 그는 우리 주 예수 그리스도의 하나님이시요 자비의 아버지시요 모든 위로의 하나님이시며 우리의 모든 환난 중에서 우리를 위로하사 우리로 하여금 하나님께 받는 위로로써 모든 환난 중에 있는 자들을 능히 위로하게 하시는 이시로다."

– 고린도후서 1장 3–4절

"너희 중에 병든 자가 있느냐 그는 교회의 장로들을 청할 것이요 그들은 주의 이름으로 기름을 바르며 그를 위하여 기도할지니라."

– 야고보서 5장 14절

13장

환자 심방

[목표]

병들고 죽어가는 사람들이 가장 필요로 할 때

그들과 함께하는 사랑을 함양하기

• • •

당신은 환자 심방을 많이 하게 될 것이다. 환자 심방은 당신에게 매우 소중한 시간으로, 당신은 그 시간에 구주 예수님의 이름으로 사역을 한다. 예수님은 자기에게 온 환자들을 환영하여 맞으셨다. 그리고 그분은 이제 환자들에게 당신을 보내 그들을 위해 기도하고, 위로하고, 사역하게 하신다. 당신은 당신의 양 떼를 사랑하기 때문에 그들과 함께 있길 원할 것이다.[1]

당신이 환자들을 돌보는 동안 당신의 감정은 롤러코스터처럼 오르내릴 것이다. 어떤 보호자 대기실에서 당신은 성공적으로 끝난 수술에 대해 보호자들과 함께 감사 기도를 드린다. 어떤 보호자 대기실

---

1. 환자 심방에 대한 탁월한 조언은 다음의 책을 참고하라. Brian Croft, *Visit the Sick: Ministering God's Grace in Times of Illness* (Grand Rapids: Zondervan, 2014).

에서는 수술할 수 없는 종양을 지닌 환자를 위해 하나님의 지탱하시는 은혜를 구한다.

당신은 같은 날에 어느 병동에서는 아기의 출생을 축하하고, 다른 병동에서는 항암 치료를 받는 환자를 심방한다. 한쪽 방에는 행복이, 다른 방에는 고통스러운 인내와 불안함이 기다리고 있다. 어느 병상에 누운 환자는 솔직하게 두려움을 고백한다. 다른 병상에 누운 환자는 죽어가면서 바위처럼 견고한 확신을 갖고 믿음을 고백해 그 방을 나가는 당신도 믿음에 힘을 얻는다.

당신은 첫 병문안을 나서면서 염려할 것이다. 당신이 가야 할 걸음, 당신이 해야 할 말, 당신이 드려야 할 기도는 당장 명확하지 않다. 예상되는 일이다. 환자를 어떻게 돌보는 것이 최선인지 당신은 경험을 통해 조금씩 깨닫게 될 것이다. 경험은 꼭 필요한 교사이기 때문이다.

경험을 획득하는 데는 시간이 걸린다. 그러니 지금은 당신이 침착함을 유지하는 데 도움이 될 몇 가지 사항에 집중하자.

지켜보라

목사로서 처음으로 환자 심방을 가기 전에 당신의 멘토 목사들에게 그들이 환자 심방을 갈 때 당신을 데려가 달라고 부탁하라. 내가 전도사가 되기 전에 멘토 세 분이 나를 환자 심방에 데리고 갔다. 그들이 환자에게 한 사역은 내 목회 사역의 임상 실습이 되었다.

가라

당신의 교회 멤버 중 누군가가 갑자기 응급실에 실려 갔다면, 즉시 그곳으로 가라. 지체하지 말라. 위급한 상황에서 당신은 최대한 빨리 그 가족들과 함께 있어야 한다. 그리스도인들은 이런 위기에 목사가 함께 있어 주기를 기대한다. 그들을 실망시키거나 기다리게 하지 말라.

도착하면 해야 할 일

가족 구성원들을 다 알지 못한다면 그들에게 자신을 소개하라. 누군가가 당신에게 자세한 상황을 일러줄 수도 있다. 만일 상황 설명이 부족하다면 부드럽게 질문하라. "밥 형제가 여기 있다는 말을 듣고 최대한 빨리 왔습니다. 그의 상황에 대해 말씀해주십시오." 가족들이 알고 있는 정보가 별로 없더라도 그들과 함께 기도하라. 교회가 기도하고 있다는 사실을 확신시켜주라.

가족들이 소식을 기다리면서 앉아 있는 동안 그들과 함께 대기실에서 기다리라. 무슨 말을 할지 걱정하지 말라. 젊은 목사들은 침묵을 깨기 위해 반드시 무슨 말을 해야 한다고 생각한다. 말하고 싶은 충동을 억제하고, 그냥 앉아 있으라. 가족들 중에 누가 말하면 잘 듣고, 적절할 때 말을 하라. 때로는 물이나 휴지를 가져다줄 준비를 하라.

환자가 의식을 찾으면 가족들은 당신이 응급실에서 환자를 만나주기를 바랄 것이다. 심방은 짧게 하고, 적절한 성경 말씀과 기도로 끝맺으라.

의사가 보호자들에게 사랑하는 가족의 사망 소식을 알리거나, 회복 가능성이 거의 없다고 알릴 경우에는 어떻게 하는가? 가족들은 심각한 충격을 받을 것이고, 예상하지 못한 일이라면 더욱 그럴 것이다. 우는 자들과 함께 울더라도 언제나 당신은 감정을 통제해야 한다는 사실을 유념하라(당신이 눈물을 흘려서는 안 된다는 뜻은 아니다). 큰 슬픔이 닥친 상황에 깊은 애도를 표하고, 함께 슬퍼하라. 그들을 안아주라. 당신이 그들을 사랑한다는 확신을 심어주라. 그러나 당신의 목소리로, 통치하는 왕이시자 영원히 사랑하는 하늘 아버지이신 하나님을 신뢰하라고 전하라. 그분의 능력은 결코 줄지 않는다. 그분의 사랑은 결코 끊어지지 않는다. 그분은 자녀들을 영원히 돌보시는 분이다.

정기적인 환자 심방

심방 시간

일반적으로 당신은 면회 시간 내에 방문을 해야 할 것이다. 어떤 병원은 방문하기 더 좋은 시간대가 있다. 의사 회진 시간, 검사 시간, 물리치료 시간은 예상 가능하다. 병원에 문의하거나 그 지역의 목사에게 어느 시간대가 가장 방문하기 좋은지 물어보라. 유용한

정보를 얻을 수 있을 뿐 아니라, 지역 목사들에게서 사역을 위한 조언을 얻을 수 있을 것이다.

큰 병원은 근무 교대 시간이나 출퇴근 시간에 교통 체증이 심하다. 시간을 아끼기 위해서 이런 시간대는 피해야 할 것이다.

환자 심방 실행 요령

노크하라. 병실에 들어가기 전에 노크를 하고 당신의 신원을 밝히라. 이렇게 함으로써 환자에게 옷이나 침구를 정돈할 시간을 줄 수 있다. 환자가 당신에게 조금 기다려 달라고 할 수도 있다. 절대로 서두르지 말라.

환자 옆에 앉아서, 그를 보게 되어 기쁘다고 말하라. 환자가 "바쁘실 텐데, 목사님을 불편하게 해 드린 건 아닌지 모르겠네요"라고 하면 "저는 제 일을 할 뿐입니다"라고 말하지 말라. 그것은 잘못된 대답이다! 당신은 그 환자를 사랑하고, 관심을 기울이며, 영육의 건강을 염려하기 때문에 그 자리에 있는 것이다.

환자가 자신의 근황을 나누려 할 수도 있다. 귀 기울여 들으라. 그의 영적 상태는 어떠한가? 두려워하고 염려하고 있는가? 아니면 하나님을 굳게 신뢰하고 있는가?

오래 머무르지 말라. 일상적인 환자 심방은 짧아야 한다. 그 이유는 다음과 같다. 우선 병원은 치료와 회복을 위한 공간으로서, 면회 시간이 길면 환자가 지치므로 좋지 않다. 환자의 건강을 해치면서 사역하지 말라.

의사, 간호사, 치료사, 영양사가 병실을 돌아다닌다. 그들을 방해하지 말라. 환자가 다른 가족이나 친구들의 병문안을 받고 있으면, 당신 때문에 그들을 떠나게 하지 말라. 사람들이 오가는 것은 병원에서 일상적으로 일어나는 일이다. 그러므로 의미 없는 대화를 피하고 너무 오래 있지 말라.

그렇다면 얼마 동안 머무는 것이 적당한가? 나는 웬만해서는 10-15분을 넘기지 않고, 그보다 짧게 머무를 때도 많다. 브리스터 웨어 목사^{Rev. Brister Ware}는 1983년부터 미시시피주 잭슨시의 제일장로교회에서 목회적 돌봄 담당 목사로 시무하고 있다. 그는 환자 심방 시, 환자 옆에서 한쪽 다리에 무게 중심을 두고 서 있으라고 추천한다. 무게 중심을 다른 쪽 다리로 옮겨야 될 필요를 느낄 때가 바로 그 자리를 떠나야 할 때라는 것이다.

재활 병동이나 호스피스 병동에서는 심방 시간이 더 길어지고 가정 심방과 비슷한 느낌으로 진행된다. 하루하루가 길고, 분위기는 덜 번잡하고, 환자들은 당신과 함께 하는 시간을 환영한다.

작은 목소리로 말하라. 병원은 크게 웃고 떠드는 장소가 아니다. 큰 목소리는 거슬린다. 거슬리게 하지 말고, 차분하게 말하라. 알아듣기 충분한 크기로 말하되, 그보다 더 크게 말하지는 말라.

당신이 주인공이 아니다. 환자가 자기 상황에 대해 이야기할 때, 당신이 아팠을 때와 같은 비슷한 경험이 생각날 수도 있다. 그 이야기를 하고 싶은 충동이 들 수도 있지만, 하지 말라. 시간은 귀하다. 환자는 당신의 인생 이야기에 귀 기울여야 할 필요가 없다. 또한, 환자에게서 관심을 거둬서도 안 된다. 병상에 누운 사람에게 오롯이 집중하라.

떠나기 전에 할 일

성경을 읽으라. 환자와 함께 읽을 말씀을 미리 생각해 두면 유용하다. 나는 시편을 가장 자주 읽고 그 다음으로는 고린도후서를 자주 읽는다. 평소에 성경을 읽어나갈 때, 환자 심방에 도움이 될 만한 구절들을 표시해두라. 성경을 읽을 때, 다양한 형태의 어려움에 처한 사람들에게 진리를 솜씨 좋게 전해야 하는 목사로서 성경을 읽으라.

주님이 환자를 회복시키셨는가? 시편 40편 1-5절을 읽으라. 길고 어렵고 고통스러운 길이 그의 앞에 놓여 있는가? 로마서 5장 1-5절을 읽으라. 환자가 쇠약해졌고 회복될 가망이 없는가? 고린도후서 4장 16절부터 5장 10절까지 읽으라. 환자가 죄를 고백했는가? 시편 32편, 51편 또는 로마서 5장 6-11절을 읽으라. 환자가 그의 신앙을 친구나 가족에게 증거하는 것에 대해 염려하는가? 고린도후서 1장 3-7절이나 4장 7-12절을 읽으라. 환자가 앞으로 닥칠 고난에 대처할 능력을 확신하지 못하는가? 시편 23편, 고린도후서 12장 1-10절 또는 베드로전서 1장 3-9절을 읽으라. 환자가 천국의 소망을 새롭게 되새겨야 하는가? 요한계시록 21장 1-7절을 읽으라.

기도하라. 기도할 때 당신이 읽은 성경 말씀을 인용하라. 예를 들어, 시편 32편을 읽었다면 환자가 죄 사함 받는 기쁨을 경험하게 해

달라고 기도하라. 당신은 환자에게 주의 깊게 귀를 기울였다. 이제 환자가 당신의 기도에 관심을 기울이게 하라. 환자를 위로할 때는 언제나, 우리를 위해 완전한 삶을 사시고 우리 죄를 위해 대속적 죽음을 맞으신 구원자의 사랑 안에서 안전하다는 복음의 위로를 전하라.

병 낫기를 구하는 기도는 어떻게 하는가? 우리는 환자의 건강 회복을 위해 기도한다. 그러나 우리는 하나님이 그분의 영광과 그분의 백성의 유익을 위해 우리의 간청을 거절하실 때도 종종 있다는 사실을 안다(롬 8:26-39; 고후 12:1-10). 따라서 우리는 모든 시련 가운데 충분한 하나님의 지탱하시는 은혜를 위해서도 기도해야 한다. 또한, 하나님은 병 낫기를 구하는 기도에 대해 성도를 아픔과 고통과 슬픔이 없이 안전한 하늘 본향으로 데려가심으로 응답할 수도 있다. 웨스트민스터 소요리문답은 복음의 진리를 요약해 설명함으로써 슬픔에 잠긴 하나님의 백성을 위로한다. "신자가 죽을 때에 그 영혼은 완전히 거룩하게 되어 즉시 영광 중에 들어가고, 그 몸은 여전히 그리스도께 연합되어 부활 때까지 무덤에서 쉽니다."[2]

죽어가는 환자 심방

호스피스 병동은 환자가 사랑하는 가족과 친지에게 둘러싸여 가정에서 죽음을 맞이할 수 있게 해준다. 많은 경우, 그들이 집에 있는

---

2. 웨스트민스터 소요리문답 37문.

몇 달간, 당신은 그 성도와 함께 긴 시간을 보내게 된다.

죽어가는 이와 나눌 이야기

복음. 거듭 반복해서 복음의 확신으로 돌아가라. 하이델베르크 요리문답 1문은 다음과 같이 묻는다. "사나 죽으나 당신의 유일한 위로는 무엇입니까?" 이에 대한 활기차고 감동적인 대답은 다음과 같다. "나는 나의 것이 아니고, 사나 죽으나 내 몸과 영혼은 모두 신실하신 나의 구주 예수 그리스도의 것입니다. 주께서 보배로운 피로 나의 모든 죗값을 치르셨고, 마귀의 권세로부터 나를 자유롭게 하셨습니다. 또한 하늘에 계신 아버지의 뜻이 아니고는 내 머리털 하나도 상하지 않게 주께서 나를 지켜보십니다. 실제로 모든 것이 합력하여 나의 구원을 이룹니다. 내가 나의 주 그리스도의 것이기에, 주께서 그분의 성령으로 나의 영생을 보증하시고 내가 지금부터 온 마음을 다해 기꺼이 주를 위하여 살게 하십니다."[3]

마지막 순간의 이슈들. 환자나 그의 가족들과 마지막 순간의 이슈들에 대해 나누어야 할 말이 있는가? 이에는 연명 치료 수락 또는 거부 여부도 포함된다.[4]

---

3. 하이델베르크 요리문답 1문.

4. 성도의 마지막 순간의 이슈들과 관련하여 참고하면 좋은 자료들을 몇 가지 소개한다. John Jefferson Davis, *Evangelical Ethics: Issues Facing the Church Today* (Phillipsburg, NJ: P&R Publishing, 2016); David VanDrunen, *Bioethics and the Christian Life: A Guide to Making Difficult Decisions* (Wheaton, IL: Crossway, 2009); Gilbert Meilaender, *Bioethics: A Primer for Christians* (Grand Rapids: Eerdmans, 2005); Bill Davis, *Departing in Peace: Biblical Decision-Making at*

관계. 회복이 필요한 깨어진 관계가 있는가? 죽어가는 성도가 잘 못을 고백하고 용서를 구해야 하는가? 당신은 가족들 중 누군가가 죽어가는 환자에게 죄를 고백하고 용서를 구하도록 독려할 필요가 있는가?

유언장. 유언장은 준비되었는가? 그 유언장이 현재 유효한가? 임 종을 앞둔 환자가 재산 처분에 대한 의지를 표시할 경우, 그의 의사 를 유언장에 명확하게 반영하였는지 묻는다.

가족 구성원들의 구원. 가족들 중에 믿지 않는 식구가 있어 그의 마음을 짓누르는가? 당신이 그 식구에게 말할 기회가 있는가?

임종시

환자의 가족이 당신에게 연락해서 그의 죽음이 임박했다고 알리 면, 그의 집 또는 병원으로 가라. 밤을 새는 한이 있더라도 죽어가는 이와 함께 있으라. 그 시간에 가족들과 함께 성경을 읽고 기도하라. 어떤 가정은 환자의 머리맡에서 찬송가를 부른다. 그들과 함께 찬 양하라. 성도가 며칠 동안 혼수상태에 있더라도 그가 모든 것을 듣 고 있다고 전제하라. 그가 믿음의 말씀과 찬양을 듣게 하라! 승리의 죽음은 믿는 자들에게 둘러싸여 믿음 안에서 죽는 죽음이다.

the End of Life (Phillipsburg, NJ: P&R Publishing, 2017).

결론

하나님은 환자들과 함께 있으라고 당신을 부르셨다. 당신이 그들
에게 갈 때, 하나님은 말씀 사역을 사용하여 그들을 굳건하게 하고
위로하실 것이다. 당신 또한, 고난받고 사랑받는 사람들의 삶에서
하나님이 하시는 일을 거듭해서 보며, 믿음이 굳건해질 것이다.

"초상집에 가는 것이 잔칫집에 가는 것보다 나으니 모든 사람의 끝이 이와 같이 됨이라 산 자는 이것을 그의 마음에 둘지어다."
- **전도서 7장 2절**

"우는 자들과 함께 울라."
-**로마서 12장 15절**

"우리가 담대하여 원하는 바는 차라리 몸을 떠나 주와 함께 있는 그것이라."
- **고린도후서 5장 8절**

"이는 내게 사는 것이 그리스도니 죽는 것도 유익함이라."
- **빌립보서 1장 21절**

"형제들아 자는 자들에 관하여는 너희가 알지 못함을 우리가 원하지 아니하노니 이는 소망 없는 다른 이와 같이 슬퍼하지 않게 하려 함이라 우리가 예수께서 죽으셨다가 다시 살아나심을 믿을진대 이와 같이 예수 안에서 자는 자들도 하나님이 그와 함께 데리고 오시리라 우리가 주의 말씀으로 너희에게 이것을 말하노니 주께서 강림하실 때까지 우리 살아 남아 있는 자도 자는 자보다 결코 앞서지 못하리라 주께서 호령과 천사장의 소리와 하나님의 나팔 소리로 친히 하늘로부터 강림하시리니 그리스도 안에서 죽은 자들이 먼저 일어나고 그 후에 우리 살아 남은 자들도 그들과 함께 구름 속으로 끌어 올려 공중에서 주를 영접하게 하시리니 그리하여 우리가 항상 주와 함께 있으리라 그러므로 이러한 말로 서로 위로하라."
- **데살로니가전서 4장 13-18절**

14장

장례

사망 소식을 접한 시점부터 장례식까지 그리고 유가족에 대한 장기적인 돌봄에 이르기까지
목회적 돌봄의 여러 단계들을 밟아 나가기

• • •

기독교는 부활의 종교다. 모든 삶은 죽음으로 끝나지만, 부활은 사망이 생명으로 끝난다는 것을 선포한다. 이것은 죽어가는 세상을 위한 좋은 소식이다!

그리스도인들이 예배를 드리기 위해 모일 때, 그들은 한마음과 한입으로 부활이고 생명이신 한 분을 선포한다. 주일 예배에서 모이든 소중한 성도의 장례식에 모이든, 그리스도인들은 몸의 부활과 영원한 생명이라는 하나님의 약속을 공적으로 증언한다.

장례식에서 당신은 그리스도의 사역자로서 위로를 전한다. 당신은 슬퍼하는 이들에게 신자의 영혼이 그리스도와 연합되어 주님과 함께 있다고 안심시킨다.

장례식에서 당신은 그리스도의 사역자로서 소망을 전한다. 당신은 육체가 무덤에서 쉬면서 부활의 위대한 날을 기다리고, 그날에

성도의 몸과 영혼이 재결합하여 새 하늘과 새 땅으로 들어간다고
선포한다.

임종부터 하관 예배 때까지 **당신은 몸의 중요성을**(관에 들어 있는 생
명이 없는 몸과, 죽은 자들을 기다리는 부활체) **잊어서는 안 된다.** 그리스도께서
영광 중에 돌아오실 때 우리의 모든 갈망은 성취될 것이다. 우리의
몸과 영혼은 완전히 새롭게 되어서 영원히 주님의 집에 거하게 된
다. 그리스도인의 장례식은 부활의 소망을 선포한다.

당신은 회중이 믿음, 소망, 사랑 안에서 힘을 얻고 묘지를 떠나게
해야 한다. 그러나 그것은 상당 부분, 목사인 당신이 교인들을 죽음
에 얼마나 대비하게 하고, 슬퍼하는 이들에게 복음을 어떻게 전하
느냐에 달려 있다.

이제부터는 슬퍼하는 성도들을 돌볼 때 당신이 해야 할 일들을
소개하겠다.

당신의 회중을 준비시키라

성도들이 거룩한 삶을 살도록 준비시키라. 하나님을 신뢰하며 죽을
수 있도록 준비시키라. 이는 죽음에 대해 명확하게 가르치는 것을 의
미한다. 당신의 가르침은 사랑하는 사람의 죽음으로 인한 고통을 경
감시키지는 않겠지만 그들이 고통과 비탄 속에서 하나님의 주권적
인 왕되심과 아버지로서의 돌봄을 신뢰할 수 있게 준비시킬 것이다.

당신은 무엇을 가르쳐야 하는가

죽음의 기원에 대해 가르치라. 이 삶에서의 육체적인 죽음과 다가올 삶에서의 영적인 죽음 모두 죄로 인한 끔찍한 대가이며 마땅히 받아야 할 공정한 심판이다.

당신의 회중은 육체적인 죽음의 현실과 그 죽음의 원인이 되는 질병, 사고, 자연재해, 육체적 · 정신적 쇠락 때문에 놀라서는 안 된다. 이것들은 하나님의 심판 아래 놓인 세상에서 예상되는 것들이다. 하나님의 정의라는 배경이 없으면 당신의 회중은 죽음의 의미를 알 수 없다. 또한 죄에 대한 하나님의 진노를 제대로 깨닫지 못하면, 그들은 자기를 대신해 하나님의 진노를 감당하신 우리 구주의 사랑을 알 수 없다.

공통의 저주에 대해 가르치라. 모든 남자와 여자, 그리스도인과 비그리스도인이 공통으로 받는 고난이 있다. 그리스도인이든 아니든 암에 걸린다. 그리스도인이든 아니든 무작위적인 폭력에 희생당해 죽는다. 그리스도인이든 아니든 선천적 장애를 갖고 태어난다. 그리스도인이든 아니든 불의를 감수하고, 자연재해에 맞닥뜨리고, 우울증으로 고생하고, 노화에 굴복한다. 그리스도인은 인류가 공통적으로 겪는 슬픔에서 예외가 되지 않는다.

죽음에 대해 합당하게 생각하도록 가르치라. 이는 성도들을 성화시키는 방향으로 영향력을 미칠 것이다. 루이스 벌코프[Louis Berkhof]는 다음과 같은 목회적 글을 남겼다.

죽음에 관한 생각, 죽음을 통한 이별, 질병과 고통은 죽음의 전조라는 생각, 죽음이 다가온다는 의식 등은 하나님의 백성들에게 매우 큰 유익을 준다. 그것들은 교만한 자를 겸비하게 하고, 육욕을 억제시키며, 세속적인 마음을 막고, 영적인 마음을 촉진시킨다. 신자들은 주님과의 신비한 연합 안에서 그리스도의 경험에 참여한다. 그리스도께서 고난과 죽음의 길을 거쳐 그분의 영광에 들어가셨던 것처럼, 신자들 역시 성화를 통해서만 영원한 상급을 받을 수 있다. 죽음은 종종 신자들 안에 있는 믿음의 힘에 대한 최고의 시험이며, 외관상 패배한 것처럼 보이는 그 시간에 승리를 의식하는 두드러진 현현을 가능하게 한다(벧전 4:12-13). 신자들의 죽음은 영혼의 성화를 완성한다. 그리하여 그들은 즉시 온전하게 된 의인의 영이 된다(히 12:23; 계 21:27). 신자들에게 있어서 죽음은 종말이 아닌 완전한 생명의 시작이다.[1]

우리가 장차 죽는다는 사실은 우리로 하여금 삶에 대해 진지한 태도로 임하게 해야 하며, 개인적인 거룩함을 최고의 관심사로 삼게 해야 한다. 장례식은 신자들에게 하나님과 친밀하게 교제하는 삶이 절박하게 필요하다는 것을 각인시킨다. 우리는 자신이 죽을 수밖에 없는 운명임을 망각하기 쉽기에 솔로몬은 다음과 같이 경고한다. "초상집에 가는 것이 잔칫집에 가는 것보다 나으니 모든 사람의 끝이 이와 같이 됨이라 산 자는 이것을 그의 마음에 둘지어다"(전 7:2).

---

1. Louis Berkhof, *Systematic Theology* (Grand Rapids: Eerdmans, 1979), 670–71.

죽음 이후 최후의 심판에 대해 가르치라. "한번 죽는 것은 사람에게 정해진 것이요 그 후에는 심판이 있으리니"(히 9:27). 죽음 이후의 목적지는 오직 두 가지, 천국과 지옥뿐이다. "번복"이나 두 번째 기회는 없다.

회중에게 중간 상태와 몸의 부활에 대해 가르치라. 회중에게 중간 상태, 즉 성도가 그의 죽음과 부활의 날 사이의 상태에서 누리는 안식에 대해 설명하라. 몸을 떠나는 것은 하나님과 함께 있는 것이며(고후 5:8), 내게 사는 것이 그리스도이므로 죽는 것도 유익하다(빌 1:21). 그리스도께서는 찢어지는 고통을 겪는 중에도 영원의 문지방 앞에 선 새로운 신자를 위로하셨다. "오늘 네가 나와 함께 낙원에 있으리라"(눅 23:43). 이 말은 당신이 회중에게 열심히 각인시켜야 하는 위로의 말이다.

그리스도의 재림의 소망에 대해 이야기하라. 그날에 신자들의 몸은 죽은 자들 가운데서 부활하여 그들의 영혼과 다시 결합해 그리스도의 영광스러운 몸과 같이 변형된다. 부활의 날에 그들은 "완전히 복을 받아 영원토록 하나님을 흡족하게 즐거워한다."[2]

성도들에게 천국의 아름다움에 대해 가르치라. 조나단 에드워즈는 천국을 "완전한 사랑의 세계"라고 표현한다. 우리는 그곳에서 죄나 우리의 흔들리는 믿음, 불안정한 감정의 방해를 받지 않고 하나님을 완전하게 사랑하고 그분의 사랑을 완전하게 경험할 것이다.

---

2. 웨스트민스터 소요리문답 38문.

또한, 신자들은 서로 영원한 교제를 나누면서 완전하게 사랑스럽고, 완전하게 사랑받고, 완전하게 사랑할 것이다.[3] 당신의 회중은 자신들을 위하여 하나님이 "썩지 않고 더럽지 않고 쇠하지 아니하는 유업을 하늘에 간직하신 것"을 알아야 한다(벧전 1:4).

한 집안이 사랑하는 가족을 잃고 고통스러워할 때, 이러한 진리는 꼭 필요한 위로와 힘을 공급한다. 그러나 당신이 반드시 알아두어야 할 점이 있다. 당신은 시련의 때가 오기 전에 미리 이러한 진리를 가르쳐야 한다. 당신이 미리 제대로 가르치지 못할 경우, 슬픔에 빠진 이는 성경의 위대한 진리를 배우고 이해하고 소화시키지 못한다. 슬픔에 잠긴 가족들과 모인 자리는 잘못된 신학을 교정하는 곳이 아니다. 당신이 설교할 때 전했던 부활의 소망을 기반으로 삼아, 회중이 슬픔 중에도 안식할 수 있게 하라.

당신이 처음 부임하는 교회의 전임자가 견고한 기반을 닦아 두었기를 소망한다. 그렇지 않았다면, 꾸물거릴 시간이 없다. 가르치라!

앞 장에서 나는 죽음을 앞둔 이들과 그들의 가족을 대상으로 사역하는 것에 대해 다루었다.[4] 이제 당신이 교인들 중 누군가의 죽음을 전해 들었을 때 당신이 해야 할 일에 대해 생각해보자.[5]

---

3. Jonathan Edwards, *Charity and Its Fruits* (London: Banner of Truth, 1969), 323 – 68.

4. 13장을 보라.

5. 장례식과 유족을 돌보는 일에 대한 자세한 조언은 다음의 자료를 보라. Warren Wiersbe and David Wiersbe, *Ministering to the Mourning: A Practical Guide for Pastors, Church Leaders, and Other Caregivers* (Chicago: Moody Publishers, 2006).

가라

유가족에게 가서 당신의 사랑과 관심과 슬픔을 표현하라. 성경 말씀을 기억해 두었다가 인용하고 기도하라. 유가족들과 함께 앉으라. 당신이 교회에 부임한 지 얼마 되지 않았다면 유가족이 고인에 대해 어떻게 말하는지, 그와의 관계에 대해 어떻게 말하는지 잘 들으라. 그러면 당신이 목사로서 어떤 목회적 돌봄을 제공해야 할지 어느 정도 이해하게 되고, 장례식에서 당신이 나눌 정보를 얻을 수 있을 것이다.

당신이 고인이나 유가족과 깊은 관계가 형성되어 있지 않더라도 그곳으로 가라. 고인의 죽음이 예상된 죽음이더라도 그곳에 가라. 사망의 음침한 골짜기에서 당신의 가족들과 함께 걸으라.

유가족의 필요에 대해 생각하라

유가족에게 어떤 도움의 손길이 필요한가? 다른 지역에서 온 조문객이나 노령의 가족, 친지들을 마중 나가거나 장례식장으로 데리고 올 교통수단이 필요하지는 않은가? 그중 몇몇은 숙박할 장소가 필요하지는 않은가? 재정적으로 곤란하지는 않은가? 회중 가운데 누가 도와줄 여유가 있을까?

장례지도사에게 맡기라

장례지도사는 전문가이다. 그는 부고, 장례 일정, 사망진단서 등 수많은 일반적인 문제들을 도울 수 있다. 가족 구성원들이 당신에게 이런 문제에 대해 물어보면 장례지도사를 소개해주라.

그는 교회나 장례식장에서 운구자들이 할 일을 알려주고, 행렬을 이룰 사람들을 줄 세우고, 예식이 끝나면 모두가 맞는 순서대로 장례식장을 떠나는지 확인한다.

묘지에서 장례지도사는 당신에게 관의 머리 쪽을 알려줄 것이다. 그는 가족들을 앉히고, 다른 이들이 가족 주변을 둘러서게 하고, 예배가 끝나면 회중을 해산시킨다.

당신의 지역사회에 있는 장례지도사와 좋은 협력 관계를 구축하라. 당신이 그 지역에 처음 도착했을 때 당신의 교회 교인들이 가장 자주 이용하는 장례식장이 어디인지 알아두면 유용하다. 또한, 장례와 관련된 정부의 규제에 대해 장례지도사에게 물어보라.

유가족과 함께 장례 예배를 계획하라

장례식장에서 유가족과 함께 장례 예배 계획을 세우라. 선호하는 찬송가와 성경 구절이 있는가? 고인에 대해 나누고 싶은 이야기가 있는가? 장례 예배 순서 중 일부에 관여해주기 바라는 다른 사람이 있는가? 유가족과 만날 때마다 말씀을 읽고 기도하라.

화장은 어떠한가

매장보다 화장을 선택하는 그리스도인들이 점점 많아지고 있다. 이유는 각기 다를 수 있지만, 많은 이들이 재정적인 이유로 화장을 선택한다. 화장은 매장보다 비용이 덜 든다.

나는 여전히 전통적인 기독교 장례인 매장이 전체적인 성경의 구속사를 가장 잘 나타낸다고 보는 입장이다. 그러나 나는 성경에서 매장 방식을 지지할 만한 훌륭한 사례가 있다고 믿더라도, 화장을 택한 신자들의 믿음에 잠시라도 의심을 제기할 의향이 없다. 게다가 죽은 사람의 육신이 처리되는 방식은 몸의 부활에 영향을 미치지 않는다.

나는 교육과 문서 사역에서는 전통적인 매장 방식의 기독교 장례를 지지하지만, 애도하는 사람들과 함께 할 때는 그렇게 하지 않는다. 유가족이 화장을 선택했다면 나는 그 가족의 선택을 따른다. 기독교 신앙에 대한 어떤 조항도 위기에 처하지 않는다. 나는 당신이 이 주제에 대해 신중하게 다룬 논문들을 읽어보기 바란다.[6]

---

6. S. M. Houghton, "Earth to Earth: Considerations on the Practice of Cremation," *Banner of Truth* 70 (July – August 1969): 37 – 46; David Jones, "To Bury or to Burn? Cremation in Christian Perspective," *The Gospel Coalition*, January 23, 2013, https://www.thegospelcoalition.org/article/to-bury-or-to-burn-cremation-in-christian-perspective (accessed September 29, 2017); John Piper, "Should Christians Cremate Their Loved Ones? A Modest Proposal," April 26, 2016, Desiring God, http://www.desiringgod.org/articles/should-christians-cremate-their-loved-ones (accessed September 29, 2017).

내가 매장을 권하는 이유는 다음과 같다. 그리스도께서 매장되셨다는 것은 복음 메시지에서 기본적인 사실이다(고전 15:3-4). 그리스도인은 매장될 때, 주님이 택하신 겸손의 길을 따른다.

신자의 영혼은 그리스도와 연합되어 주님과 함께 있기 위해 떠난다(고후 5:8). 그러나 몸 또한 그리스도와 연합되고 영광스러운 부활을 기다리며 무덤에서 쉰다(살전 4:13-18). 부활 때 신자들의 몸과 영혼은 다시 연합하고 그들은 새 하늘과 새 땅으로 들어가 그들의 하나님을 섬기고 예배할 것이다. 이 모든 진리가 성경에 근거한 하관 예배에서 아름답게 그려진다.

나는 오래되고 귀한 기독교의 매장 전통을 소중하게 여기기를 권고한다. 무덤가에서 그리스도인들은 소망 가운데 서로를 위로하면서 몸의 부활에 대한 그들의 믿음을 공적으로 선포한다.

기독교 장례 예배의 필수적인 부분을 알라

기독교 장례 예배는 언제나 성경 말씀, 기도(위로와 하나님의 뜻에 대한 복종을 위해 비는 기도), 죽음과 구원과 내세의 삶에 대한 명확한 성경적 증언, 모든 사람들이 죽음을 준비할 필요 등을 포함해야 한다.

장례 예배를 준비하면서 교회에서 행한 다른 장례 예배의 예배순서지를 찾아 두라. 당신의 교회의 관행에 대해 파악할 수 있을 것이다. 또한 당신의 교단은 당신이 참고할 수 있는 장례 예배 순서 견본을 제공하는 예배 모범을 구비하고 있을 수도 있다. 그 밖의 자료들도 있다.[7] 당신이 마치 장례 예배를 집례하는 최초의 사람인 양 행동하지 말라. 사용할 수 있는 자료들을 이용하라.

장례 예배의 목적을 알라

장례 예배를 인도할 때 아래의 목적들을 위해 노력하라.

- 하나님께 영광을 돌린다.
- 부활이요 생명이신 주 예수님을 높인다.
- 인간의 육신에 대한 존중을 보인다.
- 고인의 삶을 기리고 감사한다.
- 슬퍼하는 이들을 위로한다.
- 가족을 잃은 이들에게 예수님을 가리킨다.
- 부활의 소망으로 격려한다.

적절한 질서를 지키라

모든 기독교 모임에 있어서와 마찬가지로, 당신은 장례 예배에 품위 있게 임해야 한다. 여기에는 적절한 질서도 포함된다. 최근 수십 년

---

7. 전통적인 장례 예배 및 하관 예배 순서는 다음을 보라. Terry L. Johnson, ed., *Leading in Worship*, rev. ed. (White Hall, WV: Tolle Lege Press, 2013).

안에 어느 시점부턴가 오픈마이크 식 진행이 유행해서, 애도하는 이들이 고인에 대한 생각을 자유롭게 나누게 되었다. 이 방식으로 때로는 하나님의 은혜에 대한 놀라운 간증들이 나오기도 한다. 그러나 더 많은 경우에는 감정을 억제하지 못하기도 하고, 울화를 터뜨리기도 하고, 형편없는 교리를 늘어놓기도 하고, 하나님의 섭리를 의심하는 발언을 하기도 한다. 이 모든 것은 기독교 모임에 맞지 않는다. 우리는 애도하지만, 세상과 같이 애도하지는 않는다. 우리는 소망을 갖고 믿음으로 애도한다. 나는 오픈마이크 식으로 진행되는 장례를 강력히 거부한다.

유가족이 친지나 가족들 중 누군가에게 고인에 대한 추도사를 해주기 바랄 수 있고, 이는 얼마든지 수용 가능하다. 유가족이 그 임무를 내게 위임하면 나는 추모하는 말을 장례식 설교에 포함시킨다. 어떤 유가족이 추도사를 하고 싶지만 예배 중에 감정을 통제할 자신이 없는 경우, 그를 위해 그의 생각을 당신에게 말해 달라고 하라. 그는 자신의 생각을 글로 적어줄 수도 있고, 당신이 따로 그 사람의 이야기를 들으며 그의 생각을 받아 적을 수도 있다.

장례식 설교

나는 장례식에서 항상 구원과 죽음, 부활에 대해 설교한다. 이 설교는 간결해서 15분에서 20분을 넘기지 않는다.

고인이 불신자인 경우

고인의 믿음에 대해 감사할 수는 없겠지만, 그의 삶과 가족에 대한 사랑, 지역사회에 대한 헌신에 대해서는 하나님께 감사할 수 있다.

나는 완전한 악당들의 장례식 설교를 한 적이 있다. 이런 경우 고인에 대해 거짓말을 하지 말라. 신자들의 위로와 불신자들의 회심을 위해 복음을 전하라.

하관 예배

하관 예배는 짧게, 어쩌면 5분을 넘기지 말아야 한다. 관의 머리 쪽에서 성경 말씀을 읽고, 무덤에 매장하게 하고, 기도하라.

하관할 때 말할 문구는 예배 순서지에 있다. 이 문구를 읽을 때 나는 관 위에 손을 얹는다.

고인이 퇴역 군인일 경우, 의장대가 관에 드리워진 깃발을 접어 고인의 배우자나 가족 중 한 사람에게 건네줄 것이다. 축복기도를 드린 뒤 앞으로 걸어가 앞자리에 앉은 유가족들과 악수하거나 포옹하라. 순서가 다 끝나면 장례지도사가 예식 종료를 알린다.

교회나 장례식장에서 예배를 드리지 않은 경우, 하관 예배 때 추도사와 짧은 설교가 순서에 포함될 수 있다.

장례식 이후

유가족들은 사랑하는 사람의 죽음을 맞자마자 많은 결정을 내리고, 조문객들을 만나고, 그들을 돌보는 교회와 지역사회의 따스한 지지를 받는다. 한동안은 연락과 식사 약속이 계속된다. 그러나 이런 관심은 점점 잦아들고 없어진다. 몇 주가 지나면 배우자를 잃은 이는 혼자 남아 생각에 잠기며, 여전히 슬픔에 짓눌려 힘들어 할 수도 있다. 고인의 가족들은 여전히 아파하고 있다. 당신의 교회는 다른 일로 넘어가겠지만, 슬픔에 잠긴 유가족은 그렇지 않다. 당신도 다른 일로 넘어가 유가족에 대한 관심을 끊어서는 안 된다.

장례식 이후 몇 달 동안은 유가족과 계속 연락하라. 그들이 사랑하는 가족 없이 맞게 될 첫 공휴일, 생일 또는 기념일이 언제인지 적어 두라. 기일은 특히 고통스러운 날이다. 그들의 기일을 달력에 표시해 두라. 고령의 신자들은 그들의 자녀나 배우자의 기일에 당신이 함께 묘지에 가주기를 바랄 수도 있다.

장례식 이후에도 여전히 해야 할 일들이 있다. 당신은 유가족들과 계속해서 연락해야 할 것이다. 당신의 회중에서 장로들을 비롯해 돌봄을 담당하는 멤버들이 계속 유가족들을 보살필 수 있게 하라.

결론

나는 회중이 함께 공유하는 경험으로서의 장례식이 점점 드물어지는 것이 두렵다. 종종 장례 예배에는 가족과 가까운 친지들만이 참석한다. 따라서 나는 아주 어린 자녀들을 제외하고는 회중 전체가 장례식에 참석하도록 권면한다. 물론 회중 전체가 참석하는 것이 항상 가능하지는 않으며, 모이기 불가능한 많은 요인들이 있다. 그럼에도 나는 여전히 회중 전체의 참석을 목표로 한다. 출생을 축하하는 것이 기뻐하는 자들과 함께 기뻐하는 때라면, 장례식은 슬퍼하는 자들과 함께 슬퍼하는 때이다. 교회의 생명은 우리가 기쁨 안에서 함께 서고 슬픔 안에서 함께 설 때 강력해진다. 교회 식구들 전체가 함께 모이는 장례식이 되도록 열심히 노력하라.

"누구도 삶의 모든 관계에서 화평과 일치의 축복을 과대평가하지 않는다…
또한 진리나 명예, 공의, 선한 양심을 희생하기 전에는 누구도 그것들을 위
해 지나치게 많은 대가를 치르지 않는다."

– **윌리엄 플러머**William S. Plumer 14

15장
교단에 대한 당신의 의무

[목표]

당신이 속한 교단을 지혜롭고 은혜롭게 섬기는 법 익히기

• • •

"처치맨"churchman(성직자, 목사 등으로 번역될 수 있으나 저자가 의도한 뉘앙스를 살리기 위해 처치맨으로 음역함—편집주)이라는 어휘가 사라져 가는 것은 비극적인 일이다. 처치맨의 헌신은 지역 교회에서 시작하지만, 지역 교회에서 끝나지 않는다. 처치맨은 교회의 교리를 소중히 여기고, 건전한 교리를 수호하고, 지역적으로 그리고 전 세계적으로 교회의 일을 촉진한다. 처치맨의 관심은 자신의 교단 안에 국한되지 않고, 전 세계에 있는 가시적인 교회의 모든 참된 가지들을 향한다.

당신의 사역 첫해에 처치맨으로서의 평판을 쌓기 시작하라. 대다수의 목사들은 목사 모임이나 지역 교회를 초월하는 회합에 참여할 의무가 있다. 요청을 받으면 섬기고, 필요한 곳에서 섬기라. 섬길 기회는 어렵지 않게 찾을 수 있다.

한층 넓은 범위의 교회 모임에 진지하게 임해야 한다. 우리는 최

선을 다해 하나님 교회의 사역을 돕기로 맹세했기 때문에, 하나님께 의무를 진다. 그리고 우리 동료 목사들에 대해서도 의무가 있다. 우리는 동역자이기 때문이다. 토머스 머피Thomas Murphy는 우리에게 이렇게 상기시킨다. "우리의 동료들은 우리가 함께 해주고 지지해 주는 것을 누릴 권리가 있다…우리가 그들에게서 멀리 떨어져 있는 것은 그들에게 잘못을 범하는 일이다. 그들의 어려움과 수고와 소망을 외면하면, 우리는 우리가 제공할 수도 있는 도움의 몫을 차단하게 된다."[1]

당신의 사역 첫해를 위해 다음과 같이 조언하고 싶다.

의무를 다하라

당신이 속한 교회 연합체 안의 적절한 책임자에게 당신이 섬길 준비가 되었음을 알리라. 어떤 위원회의 임무가 당신에게 주어지든 기쁘게 받아들이라. 바쁘다는 핑계로 고사하지 말라. 모든 목사들은 바쁘고, 그들의 직분이 갖는 다양한 책임에 대해 균형을 찾고 수행하는 법을 배워야 한다. 당신에게 임무가 주어지면 즉시 이행하라. 주저함으로 일을 지체시키거나 제대로 업무를 해내지 못해 계획에 차질을 빚으면 동료 일꾼들의 가치를 떨어뜨리게 된다.

---

1. Thomas Murphy, *Pastoral Theology: The Pastor in the Various Duties of His Office* (Whitefish, MT: Kessinger Publishing, 2002), 472.

집중하라

회의에 제시간에 도착하고, 의논에 집중하고, 회의가 끝날 때까지 떠나지 말라. 가끔 급한 일 때문에 회의장을 일찍 나설 때도 있겠지만, 그런 일은 거의 없어야 한다. 올바른 처치맨의 태도는 일이 끝날 때까지 당신의 자리를 지키는 것을 의미한다.

준비하라

배포된 자료를 모두 꼼꼼히 살펴보라. 회의 전에 안건과 정보를 훑어봐야 한다. 준비하지 않고 회의에 임하면 진행 속도를 따라잡지 못하거나 결정해야 할 사안들의 가치를 가늠하지 못할 것이다. 당신의 준비 미흡을 이유로 일을 천천히 진행하자고 요청하는 일이 절대로 없어야 한다.

기본 사항들을 제대로 파악하라

당신의 교단 헌법과 회칙을 제대로 이해하고 사용하면, 공정하고 효율적인 회의 진행이 가능하다. 제안을 하는 방법을 익히라. 회의 전에 방식을 익히지 못하면 난처한 상황에 빠진다. 평신도들이 목사의 이런 어설픈 모습을 보면 목사가 자기 사역을 진지하게 받아들이지 않고, 합당하게 일을 처리하는 방법을 습득하는 가치와 적절한 규칙의 필요성을 소홀히 한다고 생각할 것이다. 평신도들은 그들이 자신들의 사업을 처리할 때처럼 당신이 진지하게 처치맨의 업무에 임하는지 주시하며 평가할 것이다.

아무 때나 말하지 말라

안건에 기여할 것이 있을 때에만 회의에서 발언하라. 지나치게 자주 말하면 당신은 성가신 존재가 되고 만다. 또한 모두가 들어야 할 의견을 지닌 사람의 기회를 뺏는 위험까지 생길 수 있다. 머피는 "자기 목소리가 들어가지 않는 한 어떤 일도 제대로 진행될 수 없다고 생각하는 듯한"[2] 목사에 대해 경고한다. 당신은 그런 목사가 되지 말라.

그리스도인다운 예절을 지키라

예절은 중요하다. 우리는 그리스도 안에서 형제이고, 가능한 한 서로에게 친절하게 대하려고 노력해야 한다. 안타깝게도 머피는 다음과 같이 말한다. "어떤 이들은 공적 토론에 참여하는 순간 그리스도인의 정신과 기질을 잃어버리는 것 같다. 그들은 호전적이 되고, 성이 난 태도로 토론에 임하고, 차분하게 기독교적인 지혜를 발휘하

---

2. 같은 책, 483.

는 것은 불가능한 일이 된다. 이런 기질은 그리스도의 종에게서 나타나야 할 성품과는 완전히 어긋나는 기질이다…각 사람은 자신이 발언 기회를 가질 때 성난 언쟁을 벌이지 않도록 힘써야 한다…반대 의견을 미워하는 것은 사람의 성정에 불과하지만, 반대 의견을 참는 것은 그리스도를 닮은 일이다."[3]

회의가 끝나면 말을 조심하라

논쟁은 그리스도인의 삶에서 피할 수 없는 부분이고, 목사들이 모인 자리에서는 더욱 그러하다. 각자의 확신은 강하고, 의견은 흔들림 없이 굳건하다. 자신과 뜻을 달리하는 무리를 헐뜯고 싶은 유혹이 항상 있다. 의도하든 않든, 우리는 무심코 동료 목사를 흠집 내는 말을 할지도 모른다.

나는 찰스 시미언Charles Simeon(1759-1836)의 조언이 유용하다고 생각한다. 시미언 목사는 다른 사람을 헐뜯고 싶은 유혹에 저항하기 위한 전략을 세웠다. 그는 1817년 7월에 쓴 어느 편지에서 이렇게 조언했다.

나는 살아갈수록 내가 내 자신을 위해 그런 문제와 관련하여 세운 규칙을 엄수할 필요성을 더욱 절실히 느낍니다.

---

3. 같은 책, 485-486.

첫째, 다른 사람에 대한 편견을 불러일으키는 말은 가능한 듣지 않는다.

둘째, 내가 절대적으로 믿을 수밖에 없게 되기 전까지는 그런 말을 믿지 않는다.

셋째, 나쁜 소문을 퍼뜨리는 사람의 말에 절대로 귀를 기울이지 않는다.

넷째, 할 수 있는 한 다른 사람에 대해 표출된 불친절을 누그러뜨리기 위해 노력한다.

다섯째, 어떤 문제에 대해 다른 쪽의 진술을 듣게 되면 완전히 다른 말을 듣게 될 수도 있음을 언제나 명심한다.

나는 사랑을 재산과 같이 보호하고자 합니다. 내 집에 침입한 강도에게 저항하듯이, 어떤 사람에 대한 나의 존중을 훼손시키려 드는 이에게 저항할 것입니다.[4]

우리 동료 목사들은 회의 후에 뿔뿔이 흩어질 때, 우리가 서로의 평판을 소중히 여긴다는 사실을 신뢰해야 한다.

---

4 Hugh Evan Hopkins, Charles Simeon of Cambridge (Grand Rapids: Eerdmans, 1977), 134에 인용되어 있음.

동료 목사들을 격려하라

당신의 동료 목사들에게 편지를 쓰고, 전화를 걸고, 방문하라. 목회 사역을 하다 보면 외롭고 의기소침해질 수 있다. 당신이 그들과 함께 하는 것만으로도 그들에게 선물이 될 수 있다. 특히 목사들은 실패를 겪었을 때 관심이 필요하다. 종종 치리 기구에서 어떤 목사를 징계해야만 할 때가 있다. 이때는 모든 사람이 육체적, 정서적으로 소진되는 어려운 시기다. 어떤 형제가 죄 때문에 질책을 들었거나 직위에서 해제당했다면 그는 당신의 동정과 연민과 기도가 필요하다. 그에게 손길을 뻗치라.

당신의 교회가 참여하게 하라

대부분의 예배에는 하나님의 교회의 필요를 위해 중보 기도하는 시간이 있다. 지방에 있는 목사들과 그들의 교회를 위해 기도하라. 당신이 있는 지역의 교회들이 합심하여 새 교회를 개척하려고 하는 움직임이 있다면, 그들을 위해 기도하고 영혼들의 회심을 위해 기도하라.

결론

티머시 드와이트Timothy Dwight는 교회에 대해 다음과 같이 썼다.

"이 교회 위하여 눈물을 흘리며

이 교회 위하여 기도를 올려 드리며

이 교회 위하여 돌보며 수고합니다.

내 생명 다하기까지 늘 봉사합니다."[5]

이와 같이 당신도 노력하라.

5. Timothy Dwight, "I Love Thy Kingdom, Lord" (1800), in *Trinity Hymnal*, rev. ed. (Suwanee, GA: Great Commission Publications, 1990), no. 353.

"우리는 하나님의 명예가 우리의 행실에 크게 영향을 받는다는 사실을 명심해야 한다. 또한 우리의 동료 인간들이 우리의 선한 대화로 구원을 받거나, 우리의 잘못된 행실로 영원히 파멸할 수도 있음을 명심해야 한다. 우리는 이런 발상을 갖고 다른 사람들 앞에 절대로 걸림돌을 놓지 않도록 특별히 주의해야 한다. 오히려 우리의 삶으로 주변에 있는 다른 이들에게 '나에게서 보고 들은 대로 행하십시오. 그러면 하나님의 평강이 당신에게 있을 것입니다.'라고 말할 수 있어야 한다."
– **찰스 시미언** Charles Simeon 15

"거룩한 생활을 하도록 자기 자신을 설득하지 못하는 사람이 다른 사람의 양심을 향해 그것을 설득할 수 있으리라고 바랄 수 없다."
– **찰스 브리지스** Charles Bridges 16

"목사가 성공적인 설교를 위해 끊임없이 기도하지 않으면서 말씀을 설교하는 것은 그 자신의 심령 속에 비밀스러운 무신론을 간직하고 강화하는 도구가 될 가능성이 크다. 게다가 그런 설교는 다른 사람들의 삶 가운데 거룩을 불러올 가능성이 거의 없다."
– **존 오웬** John Owen 17

"운동장에서 달음질하는 자들이 다 달릴지라도 오직 상을 받는 사람은 한 사람인 줄을 너희가 알지 못하느냐 너희도 상을 받도록 이와 같이 달음질하라 이기기를 다투는 자마다 모든 일에 절제하나니 그들은 썩을 승리자의 관을 얻고자 하되 우리는 썩지 아니할 것을 얻고자 하노라 그러므로 나는 달음질하기를 향방 없는 것 같이 아니하고 싸우기를 허공을 치는 것 같이 아니하며 내가 내 몸을 쳐 복종하게 함은 내가 남에게 전파한 후에 자신이 도리어 버림을 당할까 두려워함이로다."

– 고린도전서 9장 24-27절

"네가 네 자신과 가르침을 살펴 이 일을 계속하라 이것을 행함으로 네 자신과 네게 듣는 자를 구원하리라."

– 디모데전서 4장 16절

16장

효과적으로 사역하는 목사의 특징과 습관

[목표]
신실한 목사의 특징과 습관을 알아보고 개발하기

• • •

개인 경건은 경건하고 효과적인 사역을 위한 필수 불가결한 요건이다. 그러나 개인 경건만으로는 충분하지 않다. 경건은 훈련 부족을 보상해주지 않는다. 이번 장에서는 당신이 사역 첫해에 개발해야 할 거룩한 특징과 습관에 대해 고찰해보겠다.

공부하라

공부하는 습관을 훈련해 두지 않으면 당신은 새롭게 할 말이 별로 없어질 것이다. 당신 자신의 영혼을 먹이지 않을 뿐 아니라 당신의 설교가 반복적이고, 예상 가능하고, 진부해져 버린다. 게다가 당신이 하나님의 말씀과 세상에 대해 제대로 이해하지 못해 급속도로 변화하는 세상에서 까다로운 목회 사역을 감당하는 데 부적절하다는 사실이 드러날 것이다.

훈련된 공부 습관은 필수이므로 당신의 공부 시간을 계획하라. 그렇지 않으면 긴급한 일에 공부 시간을 빼앗기게 된다. 윌리엄 셰드는 하루에 다섯 시간의 공부를 권장한다.[1] 내가 사역을 처음 시작했을 때, 존경받는 나이 든 목사들은 내게 점심때까지는 공부를 하고 그 후 심방을 시작하라고 조언했다. 실행하기는 어렵지만 건전한 전략이다.

이제 무엇을 공부해야 하는지 알아보자.

성경을 읽으라

당신은 성경을 읽고 있을 것이다. 성경 읽기에 대해 돌에 새겨진 계명 같은 것은 없지만, 나는 목사라면 성경 전체를 적어도 1년에 한 번은 읽어야 한다고 생각한다. 나는 그런 실천사항을 추천한다. 이는 율법주의가 아니다. 목사는 성경을 알아야만 하고, 규칙적으로 자주 성경을 읽도록 계획을 세워 두지 않으면 읽지 않을 것이다. 어떤 계획을 세우는지는 중요하지 않다. 계획을 세우고 그것을 따르는 것이 중요하다. 나는 성년이 된 이후 대부분의 기간 동안 맥체인 성경읽기표를 사용하여 성경을 읽었다.

---

1. William G. T. Shedd, *Homiletics and Pastoral Theology* (New York: Charles Scribner's Sons, 1902), 368.

많은 사람들이 성경의 견고한 기반을 갖추지 못한 채로 신학교에 진학한다. 그들은 가정 성경 읽기, 고등학교와 대학교의 성경 수업, 본보기가 되는 강력한 강해설교 사역 등의 혜택을 누리지 못하고 신학교에 진학한다. 이것이 당신에게도 해당된다면 낙담하지 말라. 그러나 당신은 앞으로 열심히 노력해야 한다는 사실을 자각하고, 신학교를 다니는 동안에 성경 읽기를 소홀히 하면 안 된다. 아내와 자녀가 있다면, 당신의 경건을 위한 성경 읽기에 더불어 가족에게 소리 내어 성경을 읽어주라.

소리 내어 성경을 읽는 것에 대해 더 이야기하자면, 많은 젊은 목사들이 소리 내어 말씀을 읽는 연습을 하지 않아서 예배 중에 성경을 읽을 때 더듬거린다. 연구할 때 소리 내어 읽으면 공적인 장소에서의 성경 봉독에 대비할 수 있다. 게다가 말씀에 대한 이해가 상승하고, 말씀을 건너뛰거나 서두르려는 유혹을 피하게 된다. 한 달 동안 소리 내어 읽어보고, 차이를 확인해보라.

다른 책 읽기

성경 외에 무엇을 읽을지 신중하게 고르라. 독서의 양보다 질이 중요하다. 대충대충 읽지 말라! 그 책의 내용을 제대로 파악하지 못하면 당신이나 당신의 회중에게 거의 또는 전혀 쓸모가 없다.

읽는 것은 중요하다. 그리고 이해하면서 읽는 것은 훨씬 더 중요하다. 찰스 브리지스는 다음과 같이 조언한다. "누구도 모든 책을 읽을 수는 없고, 실제로 모든 책을 쌓아 놓을 수도 없을 것이다. 그것들을 행동으로 옮길 시간이 부족해 소화력에 과부하가 걸리고, 통제되지 않은 혼란이 지배할 것이다. 우리의 이해력을 넓히는 쪽보다 서가를 넓히는 편이 훨씬 쉽다." 그러므로 브리지스는 우리가 읽는 책의 질이 양보다 더 중요하며, 독서가 가장 큰 가치를 지니기 위해서는 "명상, 대화, 작문"을 병행해야 한다고 주장한다.[2]

기독교 서적 읽기가 그저 기독교 서적 베스트셀러를 읽는 것이 되지 않도록 주의하라. 베스트셀러 가운데는 신학적인 사색을 담은 책이 별로 없고, 시간의 검증을 받은 책은 더더욱 없다. 이런 점에서 C. S. 루이스의 조언은 일리가 있다. "새로운 책을 한 권 읽은 다음에 오래된 책 한 권을 읽기 전에는, 절대로 다른 신간을 읽지 않는 것이 좋은 규칙이다. 이런 규칙이 실행하기 너무 어렵다면 적어도 새로운 책 세 권을 읽은 다음에는 오래된 책 한 권을 읽어야 한다."[3] 몇 가지 제안을 하자면 이렇다.

- 교회사를 공부하라. 교회사는 현대의 문제에 대한 역사적인 시각을 제공한다. 교회사를 읽으면서 교만과 타락에 대한 유익한 경고는 물론이고 믿음과 용기의 본보기들을 통해 영감을

---

2. Charles Bridges, *The Christian Ministry: With an Inquiry into the Causes of Its Inefficiency* (Carlisle, PA: Banner of Truth, 1991), 46 - 47.

3. C. S. Lewis, *God in the Dock: Essays on Theology and Ethics* (Grand Rapids: Eerdmans, 1970), 201 - 2.

얻게 될 것이다. 당신이 중요한 설교에서 사용할 예화들도 풍성해질 것이다.

- 그리스도인들과 교회들의 영감을 주는 이야기가 세상 역사에서도 종종 발견된다. 예를 들어, 미국 공민권 운동 역사에서는 완고하고 비겁하고 타협하는 그리스도인들의 비극적인 이야기들과 함께 용기 있는 그리스도인들의 이야기들도 많이 찾아볼 수 있다.[4]

- 목사들과 선교사들의 전기와 자서전을 읽으라. 나는 사역을 하면서 최소한 한 권씩은 전기와 자서전을 읽었다. 당신은 전기를 읽으면서 당신과 같은 즐거움과 슬픔, 승리와 갈등에 맞닥뜨린 사람들과 함께 걷고, 그들로부터 많은 지혜와 영감을 얻게 된다.

- 조직신학 서적을 읽으라. 당신이 당신의 회중에게 줄 수 있는 최고의 선물 중 하나는 기독교 신앙의 위대한 진리들이 서로 일치해 맞물리는 것을 이해하도록 돕는 것이다. 종교개혁의 신앙고백적 표준을 따르는 위대한 조직신학 저서를 읽어나가다 보면 신학에 대한 이해가 자라게 될 것이다.

---

4. 1950년대와 60년대에 일어난 미국 공민권 운동의 개관을 살펴보려면, 테일러 브랜치가 저술한 권위 있는 역사서 세 권을 보라. *Parting the Waters: America in the King Years 1954–63* (New York: Simon & Schuster, 1988), *Pillar of Fire: America in the King Years 1963–65* (New York: Simon & Schuster, 1998), 그리고 *At Canaan's Edge: America in the King Years 1965–68* (New York: Simon & Schuster, 2006).

- 문화를 이해하기 위해 노력하라. 미국인들의 삶에 대한 본질적인 비평을 제공하는 도서를 읽고 저널을 구독하라.
- 시와 고전 문학을 읽으라. 이는 당신의 즐거움과 삶에 대한 이해, 언어의 힘과 아름다움을 배우기 위한 독서다. 당신이 가장 숙달해야 할 언어는 바로 당신의 모국어다. 당신은 그 언어를 사용해 하나님의 말씀을 설교하고 가르친다.
- 진지한 소설을 무시하지 말라. 훌륭한 소설가는 등장인물의 내면적인 삶 속으로 당신을 인도한다. 당신은 인간의 본성과 삶의 복잡성과 신비에 대해 놀라운 통찰을 얻게 될 것이다.
- 다른 목사들과 함께 공통의 관심사에 대해 토론하기를 즐기라.

기도하라

찰스 브리지스는 다음과 같이 목회 사역의 핵심을 찌르는 말을 했다. "목회 사역은 믿음의 일이다. 목회 사역이 믿음의 일이 되려면 기도의 일이 되어야 한다. 기도가 믿음을 가져다주며, 믿음은 다시 기도의 간절함을 더욱 북돋운다."[5]

나는 당연히 당신이 기도의 사람이라고 생각한다. 그렇지 않다면 당신은 사역을 해서는 안 된다. 또한 나는 당신이 날마다 당신의 가족과 교회를 위해 기도한다고 생각한다. 나는 지금 당신 자신을 위

---

5. Bridges, *The Christian Ministry*, 63.

해 기도하라고 장려하는 것이다. 하나님께 당신의 사역에서, 특히 사역 첫해에 필요한 다음 네 가지 덕목을 허락해 달라고 구하라.

오래 참음을 위해 기도하라. 모든 신입 목사는 자기가 믿는 많은 것들을 그의 교회에 정착시킬 필요가 있다고 생각하게 된다. 당신도 마찬가지일 것이다. 그러나 인내심을 가지라. 서두르지 말라. 당신은 새로운 교회에 대해 이해해야 한다. 그리고 그 안에서 변화가 일어나는 방식을 이해하는 데에는 시간이 필요하므로 당신은 오래 참아야 한다. 그들을 이해하는 고통을 감수함으로써 회중을 존중하라.

예를 들어, 나는 목사들이 새 교회에 부임하자마자 예배 순서를 바꾸어 자신의 사역을 망치는 일들을 목격했다. 먼저 교회가 왜 그런 방식으로 예배드리게 되었는지를 이해하라. 질문을 하고 주의 깊게 들으라.

또한 상황에 대한 당신의 평가가 달라질 수 있기 때문에 오래 참아야 한다. 이런 일은 내게 여러 번 있었다. 예를 들어, 목사의 대표 기도는 예배에서 중요한 부분이고, 나는 예배 때 직접 대표 기도하는 편을 선호한다. 대표 기도는 말씀 설교로 나아가는 길을 닦고 내 마음가짐을 바로잡아준다. 내가 부임한 어떤 교회에서는 장로들이 돌아가면서 대표 기도를 드렸고, 나는 이를 지적하지 않기로 했다. 나는 차례를 기다렸다가 내가 기도하는 날이 되면 대표 기도를 드렸다. 나중에 목사 혼자서 대표 기도를 하는 쪽으로 바꾸자고 건의할 생각이었다.

그러나 시간이 흐르면서 그 교회의 전통을 이해하고 나도 그것을 지지하게 되었다. 교회를 방문한 많은 남성 방문자들이 자기들과 별반 다르지 않은 남자 성도들이 풍부한 표현으로 성경적인 기도를 하는 것을 듣는 경험이 인상적이었다고 말했다. 내가 곧바로 행동에 돌입해 변화를 일으키려 했다면, 그 회중들에게서 장로들의 비옥한 기도를 빼앗아 버렸을 것이다. 게다가 잠재적인 갈등의 불씨를 제공했을 수도 있다.

또한, 사람들은 떠밀리고 강요당하기보다 인도를 받아야 하기 때문에 오래 참아야 한다. 신뢰를 쌓는 데에는 시간이 걸린다. 교회 장로들을 존중하는 데에서부터 시작하라. 교회의 역사를 향상시킬 만한 생각을 갖고 있다면 장로 모임의 안건에 포함시키라. 당신의 의견을 제안하고, 형제들이 그것을 놓고 토론하게 하라. 서두르거나 결정을 강요하지 말라. 그들이 당신의 제안을 받아들일 만한 시간을 주라. 그들이 받아들이지 않는다면 지금은 때가 아니다. 또한 형제들의 설득을 기꺼이 받아들이기도 하라.

당신과 당신의 아내는 새 친구를 사귀는 면에 있어서도 오래 참아야 할 것이다. 때로는 목사 부부가 교회에 쉽게 정착한다. 사람들이 당신 부부를 좋아하고, 당신도 마찬가지다. 당신은 그들과 영원토록 알고 지낸 듯 느껴진다. 반면에 어떤 교회는 멤버들이 내성적이고, 당신과 대화하길 주저하고, 당신과 당신의 가족, 당신의 사역에 대해 관심이 없어 보이기도 한다. 당신은 모든 기독교 교회 가운데 가장 딱딱한 교회에 부임했다는 결론을 내릴지도 모른다. 하지만 그보다 훨씬 가능성 있는 이유들이 있다. 그 교회는 멤버들 간에 나이 차이가 큰 교회일 수 있다. 특히 시골에 위치한 작은 교회라면 당신 나이 또래의 사람들이 많지 않은 교회일 수 있다. 나는 사역 초기에 그런 교회에서 섬겼다. 목사 후보생 시절 내가 섬긴 여섯 교회 중 어느 곳에도 내 연배의 멤버들이 없었다. 하지만 이런 교회에는 세 가지 장점이 있다.

첫째, 나는 나보다 나이 많은 신자들과의 교제를 즐기는 법을 배웠다. 나는 세대를 넘나드는 교제를 통해 성숙할 수 있었고, 내 또래의 성도들이 가까이에 있었다면 어울리지 못했을 어른들과 어울리며 그분들의 이야기를 들어야만 했다. 어떤 젊은 목사 부부는 첫 교회에서 그들에게 꼭 필요한 제2의 "부모"를 만났고, 그들은 목사 부부가 목회 사역, 결혼 생활, 자녀양육으로 인한 초기의 스트레스를 잘 극복할 수 있도록 도와주었다.

둘째, 나는 다른 교단의 목사들과 친구가 되었다. 우리 교단은 전체 기독교 가족 중에 작은 분파에 불과하다. 우리 교회 밖에서의 교제가 필요하지 않았다면 나는 나와 다른 기독교 전통에 속한 형제들과 교제하는 즐거움을 놓쳤을 것이다.

마지막으로, 교회에 또래가 없기 때문에 나는 더욱 적극적으로 전도를 하게 되었다. 어떤 교회에서 나는 두 젊은이를 교회에 초대했다. 그들은 교회에 왔고, 나의 가장 절친한 친구가 되었다. 한동안은 그들과 어울리기 위해 내가 가장 싫어하는 스포츠인 골프까지 했다. 그리고 그들은 내 회중의 일부가 되었다.

친구를 쉽게 사귈 수 없는 곳을 받아들이기는 매우 어렵다. 당신과 당신의 아내가 사교적인 편이라면 더욱 힘들 것이다. 이전에 당신은 공통의 관심사와 가치, 목표에 근거해 친구를 선택했다. 이제 당신은 당신과 매우 다른 사람들과 어울리게 되고, 그중 많은 수는 그렇게 가까워질 턱이 없었고 함께 시간을 보내지 않았을 사람들이다. 당신은 생애 처음으로 친구를 만드는 기술을 배워야 하며, 다른 식으로는 당신이 결코 얻지 못했을 관점들을 제공하는 이들과 교제하는 것을 귀하게 여기는 법을 배워야 한다.

더욱 오래 참는 사람이 되기 위해 노력하면서, 어떤 문제들은 해결이 불가능하다는 사실을 잊지 말라. 타락한 세상에서의 삶은 그런 식이다. 키프리아누스의 격언을 명심하라. "어떤 사람으로 하여금 그가 교정할 수 있는 것을 자비롭게 교정하게 하고, 그가 교정할 수 없는 것은 인내로 참고 그것에 대해 사랑으로 신음하며 슬퍼하게 하라."[6]

만족을 위해 기도하라. 프랑스의 개신교 목사이자 시인인 앙투안 드 샹디외Antoine de Chandieu(1534-1591)는 만족을 모르는 세속적인 정신에 대해 다음과 같이 경고했다.

끊임없이 갈망하나 결코 얻지 못하니
그것이 세상을 사랑하는 자의 결말이로다.

---

6. Quoted in Scott M. Manetsch, *Calvin's Company of Pastors: Pastoral Care and the Emerging Reformed Church, 1536–1609* (New York: Oxford University Press, 2013), 189.

명예와 물질을 더 많이 소유할수록

더 많이 갖기를 열망하네.

자기가 가진 걸 즐기지 못하니

다른 사람의 것을 더 원하고 더 열망하네.

모든 것을 가졌으나 아무것도 가지지 못했네.

왜냐하면 모든 것을 가졌으면서도 여전히 모든 것을 원하기 때문이지.[7]

첫 교회에서 당신의 급여(목사 사례금)에 만족하는 것은 어려운 일일 수 있다. 급여가 빈약할 수 있다. 나는 전도사 때 교회 네 군데를 동시에 섬겼고, 그때 나의 연수입은 세전 6천 달러였다. 1980년 당시의 독신 남성에게 많지 않은 급여였다. 그래서 나는 어떤 농부의 담배 농장에서 돼지들에게 사료 먹이는 일을 하고 숙식을 제공받았다. 이것이 내가 목회를 시작하기 위해 계획했던 방식은 아니었지만, 나는 곧 그 농부의 훌륭한 가족들과 친해졌고, 농부 사회에서 어느 정도 존중을 받게 되었다. 내가 선택했던 방식은 아니었지만 하나님은 정확히 내가 필요로 했던 것을 공급하셨다.

교회는 하나님의 사랑하시는 백성들의 모임이지, 디딤돌이 아니다. 교회를 당신이 더 나은 곳으로 가기 위한 디딤돌로 여기지 말라. 그런 생각을 한다면 당신의 사역은 그리 오래가지 못하고 실망 속

---

7. 같은 책에서 인용함, 98.

에서 끝맺을 것이다.

용서하는 능력을 위해 기도하라. 좋은 목사는 멤버들과 긴밀하게 연락을 하고, 그러다 보면 부주의한 말이나 가혹한 비판, 갈등, 상처 등을 겪을 가능성이 많아진다. 새로 부임한 목사는 몇몇 멤버들이 자신에게 전혀 곁을 내주지 않으려 한다는 사실을 깨닫기도 한다. 한 교회에서 어떤 멤버가 내게 사무적인 투로, 자기 부부는 내가 전에 있던 목사에 비해 지적으로 한 단계 떨어진다고 생각하며 교회를 옮길 생각이라고 말했다. 이런 말을 들으면 화가 나기 마련이다. 당신의 죄와 단점이 더해지면 상황은 더 빨리 잘못될 수 있다.

내 조언은 이렇다. 즉시 당신의 죄를 모두 자백하고 빨리 회개하라. 그리고 누군가가 당신에게 잘못을 범했을 때 진심으로 용서하라. 그가 용서를 구하기 전에 당신이 먼저 용서하라. 모든 진노와 악의와 반감을 없애는 힘을 달라고 하나님께 구하라. 당신은 죄악된 분노를 십자가에 못 박아야 한다. 목사가 자신의 회중에게 화가 날 수도 있고, 효과적으로 하나님의 은혜의 복음 사역을 할 수도 있다. 그러나 둘 중에 하나이지 둘 다 할 수는 없다. 어떤 목사도 회중에게 화가 나 있으면서 하나님의 은혜를 효과적으로 전할 수 없다. 조언을 구하라. 기도로 씨름하라. 분노를 없애기 위해 무엇이든지 하고 사역을 해 나가라.

온유함을 위해 기도하라. 바울은 그가 데살로니가 교회의 새신자들을 돌본 것에 대해 이렇게 묘사한다.

"도리어 너희 가운데서 유순한 자가 되어 유모가 자기 자녀를 기름과 같이 하였으니"(살전 2:7).

어머니(유모)의 관심은 자기 자신이 아니라 자녀이며, 자녀는 어머니의 돌봄과 양육에 전적으로 의존한다. 자녀가 어머니를 섬기는 것이 아니라, 어머니가 자녀를 섬긴다. 바울은 데살로니가 교회에서 자신의 유익이 아닌 그들의 유익을 구하고, 자신의 영광이나 금전적 이익이 아니라 그들이 그리스도 안에서 성장하는 것을 추구하며 어머니와 같은 역할을 했다. 바울은 그리스도 안에서 신생아와 같은 교회를 돌보는 일과 그들을 하나님의 말씀으로 양육하는 일에 오로지 헌신했다.

핵심 단어는 "**온유**(유순)"이다. 하나님의 종은 가혹하거나, 강압적이거나, 위축시키는 사람이어서는 안 된다. 오히려 그는 "그리스도의 온유와 관용으로" 회중을 대해야 한다(고후 10:1). 온유함은 모든 참된 신자에게 존재하는 성령의 열매 중 하나이며 특히 지도자에게 분명하게 드러나는 열매다(갈 5:23). 내가 처음부터 목회 사역을 다시 시작한다면 나는 그 무엇보다도 우리 가정과 회중과 교회 임원들에게 더욱 그리스도를 닮은 온유함으로 대하기를 가장 간절히 원할 것이다.

자투리 시간을 이용하라

20분이나 10분, 아니 5분조차도 귀하고 유용하게 사용될 수 있다. 공상에 잠기거나 생각 없이 인터넷을 뒤지면서 그 시간을 그냥 흘려보내지 말라. 자투리 시간은 평생에 걸쳐 누적된다.

습관적인 우둔함에 대해 셰드 Shedd 는 다음과 같이 말한다. "짧은 시간을 정기적으로 충실하게 사용하면 크고 위대한 시간이 된다. 삶에서 많은 부분이 낭비되는 이유는 한꺼번에 많은 시간이 낭비되어서가 아니라, 시간이 정기적이고 균일하게 낭비되기 때문이다."[8]

나는 어딜 가든 책이나 수첩을 갖고 다닌다. 몇 분의 자투리 시간이 모이면 깜짝 놀랄 만큼 많은 시간을 읽거나 쓰는 데 투자할 수 있다.

목사를 긴급하게 필요로 하는 상황이 생기면 현장으로 가라

당신을 필요로 하는 곳으로 달려가라. 목자의 눈은 그의 양들의 필요에 대해, 특히 상처 입고 연약하고 겁에 질린 양들의 필요에 대해 열려 있다. 제네바의 목사 테오도르 베자 Theodore Beza (1519-1605)는 목사의 책임에 대해 다음과 같이 아름답게 서술한다.

---

8. Shedd, *Homiletics and Pastoral Theology*, 394.

[목사]는 자기 양 떼에 대해 일반적인 지식을 갖고 있는 것에 그쳐 서는 안 되며 반드시 공적으로나 개인적으로나 밤이나 낮이나 자기 양을 이름으로 알고 부를 수 있어야 한다. 목사는 반드시 잃어버린 양을 뒤쫓아야 하며, 다리가 부러진 양의 다리에 붕대를 감고, 병든 양은 튼튼하게 해주어야 한다…요약하면, 목사는 선한 목자를 본받아 자기 양을 자신의 생명보다 더 귀한 것으로 여겨야 한다.[9]

당신의 몸을 돌보라

휴식에 집중하라. 사역은 많은 에너지를 요구한다. 당신은 수면을 취하고, 공부에서 "벗어나" 휴식을 취하고, 공부를 "위해" 휴식을 취하고, 휴가를 가야 한다. 나는 교역자들(그리고 그들의 배우자들)로 하여금 교회의 업무에서 벗어나 휴식과 재충전, 그리고 연구를 위해 완전히 쉬는 기간을 반드시 갖게 한다. 집중적인 휴식은 장기적인 성공을 위해 반드시 필요하다. 단독 목회를 하는 목사는 관리자가 없다. 그러므로 반드시 사역에서 벗어나 충분한 휴식을 취함으로써 자기 자신과 가족을 돌보도록 하라.

운동하라. 격렬한 운동을 하라는 말이 아니다. 달리기, 걷기, 수영 혹은 당신의 신체를 건강하게 유지할 수 있는 운동이라면 무엇이든 좋다. 마음이 내킨다면 더 많이 하라. 최소한 하나님이 당신에게 주

---

9. Quoted in Manetsch, *Calvin's Company of Pastors*, 281.

신 몸에 신경을 쓰라.

가족과의 일정을 계획하라

저녁 시간 등, 당신의 아내와 자녀들과 함께 하는 시간을 확보하라. 자녀들의 중요한 행사를 당신의 일정에 포함시키라. 회중에게 긴급 상황이나 위기가 닥치면, 당신은 그 회중과 함께 있어야 할 것이다. 그런 상황은 당신의 소명에 따라오는 일이기 때문에 이해가 가능하다.

정규적인 목회적 의무(위원회 회의, 심방, 행정 업무, 설교 준비) 때문에 가족과 시간을 보내지 못한다는 것은 변명이 될 수 없다. 가족과 함께 하는 시간을 계획하고, 가족과 함께 있을 때는 그들에게 완전히 집중하라. 컴퓨터와 스마트폰을 치워 두라. 당신의 양 무리 가운데 가장 중요한 양인 당신의 가족에게 집중하라.

결론

당신의 첫 교회는 평생 그리스도의 교회를 섬길 당신의 효율성을 향상시킬 습관을 정립하는 곳이다. 장기적 관점에서 당신에게 필요할 생활 규칙에 대해 곰곰이 생각해보고, 그런 규칙에 대해 타협 불가한 우선순위를 부여하라.

"지금 우리가 살고 있는 세상은 어수선하고 복잡하게 얽혀 있다. 하나님은 우리가 우리의 아둔함이나 우울함, 실쭉한 냉소로 세상을 한층 암울하게 만들지 않아도 이미 세상이 충분히 암울하다는 것을 아신다. 오늘날 인류의 진정한 종은 자신의 삶으로 찬양을 호흡하는 사람이다."

– 제임스 스튜어트^{James S. Stewart} 17

17장

큰 성과를 산출하는 작은 것들

[목표]
시간을 들여 실천하면 당신의 사역에서
큰 성과를 산출할 수 있는 작은 것들 식별하기

• • •

당신의 사역 첫해 동안에 작은 것들이 큰 성과를 산출할 것이다. 작은 것들을 무시하지 말라. 당신과 당신의 회중 간에 신뢰와 선의를 구축할 돌봄의 행위들을 잘 찾아보라.

이 장에는 내가 사역하면서 발견한 중요한 가치를 지닌 작은 것들을 순서 없이 나열해보았다. 어쩌면 당신에게도 유용할 것이다.

문 앞에서 사람들을 환영하고 배웅하라

교회에 일찍 도착해서 회중의 이름을 부르며 인사하고 한 주간 어떻게 지냈는지 묻는 행동은 당신이 그들을 만나 기쁘다는 신호를 그들에게 주게 된다. 이런 행동이 당신을 산만하게 하고 예배를 준비하지 못하게 만든다면 굳이 할 필요는 없다. 그러나 나는 사람들을 환영하면서 서로 애정을 쌓게 되었다. 다른 교인들이 나를 따라 하며, 교회에 일찍 도착해서 나와 인사를 나누는 일은 언제나 만족스럽다. 특히 그들이 방문자들을 따뜻하게 환영하는 모습은 참으로 보기 좋다. 당신이 앞장서서 당신의 교회가 방문자들을 환영하는 교회가 되게 하라!

나는 교회 건물 밖에서 사람들을 맞이하는 것을 선호한다. 날이 춥거나 눈이 온다면 옷을 든든히 입으라. 비가 오면 큰 우산을 쓰고 사람들이 차에서 내려 교회 안으로 들어가는 것을 도와주라. 당신은 섬기기 위해 그 자리에 있다.

예배가 시작되기 10분 전, 나는 강단 뒤편에 앉아 생각을 정리한다. 예배 5분 전, 나는 회중에게 하나님 앞에서 정숙해 달라고 요청한다. 나는 이런 방식이 환영과 예배 준비의 좋은 균형을 이룬다고 생각한다.

사람들이 예배당을 떠날 때 그들을 배웅하라. 그들이 예배에 참석한 것을 당신이 기뻐한다는 사실을 그들이 알게 하라. 당신이 진심으로 이런 소통을 할 수 없다면 회개하고 태도를 바꾸라. 그들은 하나님이 당신의 돌봄 아래 맡기신 사랑스러운 무리들이다. 그들을 사랑하라!

나는 주머니에 수첩을 넣고 다닌다. 예배 전후에 사람들을 만나다 보면 그들이 지나가는 말로 질병, 재판, 감사제목 등 중요한 소식들을 나눈다. 그 정보들을 적어 두었다가 나중에 그들에게 전화를 걸라. 당신의 기억력을 신뢰하지 말라.

생일 축하 편지를 보내라

카드도 충분히 좋지만, 직접 쓴 편지는 훨씬 더 좋다. 나는 멤버들에게 생일 축하 편지를 보낼 때 축하 인사와 함께 그가 삶에서 보여준 선한 것들에 대해 감사하다는 말을 쓴다. 당신이 멤버들의 삶에서 일하시는 하나님의 역사를 인정할 때 그들은 격려를 받는다. 어떤 부모들은 내 카드를 보관해 두었다가 자녀들에게 매년 다시 읽어준다. 편지는 전화나 이메일과 다르게 보관하고 소중히 간수할 수 있다.

나는 내가 지금까지 받은 편지들을 모두 보관해 두고 있다. 다른 사역지로 이동하면서 파일을 정리할 때면 나는 그 편지들을 다시 읽어본다. 사람들이 나를 격려하며 돌봐준 것은 내게 무척 큰 의미가 있다. 나는 내가 격려를 받은 만큼 다른 사람들도 격려받기를 바란다.

축하 메시지를 보내라

신문이나 페이스북 등에서 멤버들을 축하할 일을 발견하면, 전화를 하거나 메시지를 보내 축하하라. 우리는 기뻐하는 자들과 함께 기뻐해야 한다.

아이들을 기억하라

아이들의 이름을 기억해 두라. 그들은 당신의 양 무리 가운데 있는 귀한 어린 양들이다. 하나님이 그들의 이름을 아시니, 당신도 알아야 한다. 당신이 시간을 들여 그들을 알고 그들의 이름을 부르며 인사하지 않는다는 것은, 비난받아 마땅한 두 가지 사실을 의미한다. 즉, 당신이 그들을 신경 쓰지 않으며, 그들을 위해 기도하지 않는다는 것이다.

교회의 아이들이 어떤 것을 성취하면 축하하라. 운동 경기, 공연, 시상식 등에 참석하라. 그들을 격려하고, 그들의 부모와 (특히 운동 경기에서) 이야기를 나눌 충분한 시간을 갖게 될 것이다.

지역사회라는 관점에서 생각하라

당신의 회중은 하나의 지역사회 안에 자리잡고 있다. 지역 동호회, 자원봉사단체, 위원회, 독서모임 등 사람들이 모이는 곳에 참여하여 지역사회의 일원이 되라.

당신이 만난 사람들 중 몇몇은 당신 교회의 일원이 될 수 있다. 더 중요한 점은 당신이 그들과 함께하는 것이 하나님의 형상을 지닌 모든 이들의 안녕과 하나님이 당신을 그곳에 두신 지역사회에 대한 당신의 관심을 드러낸다는 것이다. 또한 그런 모임에서 전문가들을 만나 당신에게 필요한 조언을 듣고, 교인들이 그들에게 문의할 수 있게 추천해줄 수도 있을 것이다.

주변의 다른 교회들을 방문하라

휴가 때, 주일이 되면 (내가 동네에 있을 경우) 나는 주변의 다른 교회들을 방문한다. 우리 교단이 아닌 교회들도 방문한다. 한층 넓은 범위의 기독교 사회에서 어떤 일들이 일어나는지 배우라. 다른 목사들에게 자신을 소개하라. 그들과 친구가 되면 당신은 그 지역사회를 이해하는 데 그들의 도움도 받을 수 있고 그들과 서로 격려할 수 있을 것이다. 먼저 적극적으로 움직이라. 전화를 걸고 같이 점심을 먹거나 커피 한 잔을 마시라.

모르는 사람들과 이야기하라

계산대에서 줄을 서거나 모임이 시작되기를 기다리며 배회할 때, 스마트폰을 치워 두고 사람들과 이야기하라. 나는 내 주위 사람들에게 관심을 기울인 것만으로 교회 멤버들과 스탭들을 얻었다.

한번은 식료품점 계산대에서 줄을 서고 있는데 어떤 여성이 계산원에게 가게에 빈 상자가 있느냐고 묻는 목소리를 들었다. 계산원은 그날 아침 일찍 폐휴지를 수거해 가서 상자가 없다고 대답했다. 그때 내가 불쑥 끼어들어서, 최근에 우리 집이 이사를 해서 상자가 좀 있으니 우리 집에 와서 가져가라고 제안했다. 그 여성은 내가 계산을 마칠 때까지 기다렸다가 우리 집으로 함께 갔다. 우리는 대화를 나눴는데, 알고 보니 그녀는 오르간 연주자였다. 그녀는 우리 교회를 방문했고, 곧 우리 교회의 오르간 반주자가 되었다.

또 한번은 지역 동호회에서 어떤 젊은 부부를 만났다. 그들은 우리 교회를 방문했고, 몇 달 후에는 회중 앞에서 그리스도를 믿는 믿음을 공적으로 고백하고 세례를 받았다. 참으로 기쁜 일이 아닐 수 없다.

과거 UPS 택배를 수령하기 위해 서명이 필요했던 시절, 한 젊은 택배기사가 내게 무슨 상자를 이렇게 많이 배달받느냐고 물었다. "저는 목사이고, 목사들은 책을 좋아한답니다. 혹시 다니시는 교회가 있습니까?" "아니오." "그러면 우리 교회에 한 번 나오시지요." 그는 우리 교회를 방문했고, 몇 달 후에 그와 그의 아내는 믿음을 고백하고 세례를 받았다.

즐거운 시간을 보내라

2005년에 나는 남부로 돌아가 앨라배마주 헌츠빌에서 사역했는데, 그곳은 테네시주의 내 고향과 가까웠다. 내가 하이킹, 캠핑, 카누타기, 동굴 탐험을 했던 많은 장소들이 근처에 있었다. 그래서 나는 교회 안에 하이킹 모임을 만들어서 당일치기 여행을 다니며 앨라배마주 북쪽 지역과 미들 테네시주 남쪽 지역의 자연 경관을 즐겼다. 나는 사랑하는 사람들과 편안한 대화를 나누며 많은 시간을 즐겁게 보냈다.

무엇이든 당신이 좋아하는 일을 할 때, 그것이 관계를 끈끈하게 하고 우정을 쌓게 한다면 당신의 회중과 함께 즐길 방법을 찾아보라.

결론

계산대 줄에서 다른 사람과 대화하기, 생일 축하 편지 보내기 등 우리가 별생각 없이 하는 작은 일들이 사역의 풍성한 열매를 가져다 줄 수 있다. 이런 일들을 의도적으로 당신의 생활방식으로 만들라.

"나는 선한 싸움을 싸우고 나의 달려갈 길을 마치고 믿음을 지켰으니 이제 후로는 나를 위하여 의의 면류관이 예비되었으므로 주 곧 의로우신 재판장이 그 날에 내게 주실 것이며 내게만 아니라 주의 나타나심을 사모하는 모든 자에게도니라."

– 디모데후서 4장 7-8절

18장

장기적이고 열매 맺는 사역

[목표]

끝을 염두에 두고 당신의 사역을 계획하고 실행하기

• • •

나는 당신이 장기적이고 열매 맺는 사역을 하기 바란다. 그렇게 되려면 많은 일들이 일어나야 한다. 나는 두 가지에 집중하고자 한다.

첫째, 장기적이고 열매 맺는 사역을 위해 당신은 반드시 은밀한 기도로 회중을 위해 중보 기도해야 한다.

은밀한 기도는 당신이 하나님과 홀로 보내는 시간이다. 회중을 제대로 섬기려면 하나님이 당신을 불러 섬기라고 하신 이들을 위해 당신의 마음을 쏟아 당신이 소유해야 할 은혜를 구해야 한다.

은밀한 기도가 없으면, 진정한 기독교 사역은 있을 수 없다. 그래서 모울 주교^Bishop Moule는 "목사의 삶의 정수는 그가 하나님과 나누는 은밀한 교제에 있다"는 사실을 신학생들에게 각인시키려 했다.[1]

---

1. H. C. G. Moule, *To My Younger Brethren: Chapters on Pastoral Life and Work*

회중을 위해 기도하는 것보다 당신과 회중 간에 강력한 사랑의 유대를 형성하는 것은 없다.

우리는 기도하면서 은혜의 보좌 앞에 나아가 병든 자에게 은혜를, 애통하는 자에게 위로를, 연약한 자에게 힘을, 의심하는 자에게 확신을, 혼란에 빠진 자에게 명료함을, 절망하는 자에게 소망을 달라고 구한다.

또한 우리는 기도할 때, 회중을 성화시키는 은혜를 구한다. 하나님이 거룩하시기에 그들도 거룩해야 한다(벧전 1:16). 거룩함이 없이는 아무도 하나님을 볼 수 없다(히 12:14).

"마음이 청결한 자는 복이 있나니 그들이 하나님을 볼 것임이요"(마 5:8).

당신의 회중은 긴급한 일시적인 문제들에 여러 번 맞닥뜨릴 것이고 당신은 그 문제들을 위해서도 중보 기도해야 하지만, 결정적으로 중요한 중보 기도의 제목은 각 멤버들의 개인적인 거룩함과 그들이 그리스도를 닮는 것이다. 하나님의 이름은 그분의 백성들의 경건한 행실과 경건한 교리로 높임을 받으셔야 하며, 이것이 당신의 주된 관심사가 되어야 한다.

또한 당신은 회중을 위해 기도할 때, 당신이 목사로서의 소명을 충실하게 감당하기 위한 은혜를 구해야 한다. 건전한 교리, 거룩한 삶, 잃어버린 영혼에 대한 열심, 회중의 짐을 기꺼이 참고 인내하려

(London: Hodder and Stoughton, 1892), 23.

는 의지, 고난 중의 굳건한 인내 등 당신이 필요한 것은 무엇이든 기도하라.

"네가 네 자신과 가르침을 살펴 이 일을 계속하라 이것을 행함으로 네 자신과 네게 듣는 자를 구원하리라"(딤전 4:16).

목사 자신과 회중을 위한 기도의 빈도와 진실성은 자신과 하나님만이 안다. 그러나 나는 목사의 경건함을 측정하는 데 이보다 훌륭한 척도가 있을지 의심스럽다. 우리가 회중을 위해 열렬히 기도하지 않으면서 목회를 계속하려고 하면, 우리는 결국 위태로운 기반에 서 있게 될 것이다.

왜 그런가? 왜 개인 기도가 없는 사역이 영적으로 위험한 것인가? 기도하지 않는 것은 자기 자신이 위선자라는 사실을 드러내는 것이기 때문이다. 그것은 그리스도와 개인적인 교제를 하지 않으면서 그리스도의 이름으로 사역하는 것이다.

알렉산더 화이트Alexander Whyte는 이 사실을 그의 저서 《번연의 등장인물들》Bunyan Characters에서 정확히 지적한다. 그는 "형식씨와 위선씨"에 대한 글에서 위선적인 목사에 대해 이렇게 쓴다.

그는 설교할 때와 심방할 때 땀을 흘린다. 그는 모두가 자기를 영혼의 구원을 위해 자신을 아낌없이 불태우는 바울이 예언한 그러한 목사라고 생각하게 만드는 것이다. 그러나 그것은 바로 목사의 소명에 붙어 다니는 위선으로서, 그는 사실 근본적으로 인간의 칭송을

얻고 회중을 늘리려는 야심으로 열심을 내는 것이다.[2]

    은밀한 기도의 부재는 위선자의 마음을 드러낸다. 당신은 그런 자가 되어서는 안 된다!

    빈번하고 뜨거운 은밀한 기도는 하나님과 하나님의 백성을 위한 마음을 나타낸다. 그런 기도가 없으면 장기적이고 열매 맺는 사역은 결코 있을 수 없다.

    내가 원하는 것은 바로 당신이 장기적이고 열매 맺는 사역을 하는 것이다. 그렇게 되려면 당신은 은밀한 기도 중에 회중을 위해 중보해야 한다.

    다음으로, 당신은 당신의 회중을 "향해" 또 회중에 "대해서" 애정을 담아 말해야 한다.

    바울이 데살로니가에서 겪은 일을 기억하라. 바울은 데살로니가에서 겨우 한 달을 사역한 뒤 추방당해, 새로 회심한 멤버들이 가득한 교회를 뒤로 하고 떠나야만 했다. 이별의 아픔은 몹시 생생했고, 데살로니가 교회가 겪은 고통도 무시할 수 있는 수준이 아니었다. 그래서 바울은 변함없는 사랑과 애정을 담은 감동적인 말로 그들에게 묻는다. "그가 강림하실 때 우리 주 예수 앞에 우리의 소망이나 기쁨이나 자랑의 면류관이 무엇이냐"(살전 2:19).

---

2. Alexander Whyte, *Bunyan Characters*, vol. 1 (Eugene, OR: Wipf and Stock Publishers, 2000), 138.

얼마나 놀라운 질문인가! 나는 이 편지가 데살로니가 교회 멤버들에게 처음으로 읽힐 때를 상상해본다. 편지를 낭독하는 이가 바울의 질문을 그대로 묻는다. "우리의 소망이나 기쁨이나 자랑의 면류관이 무엇이냐?" 낭독자는 잠시 멈추고 성도들에게 생각할 시간을 준다. 그리고 바울의 대답이 이어진다. "너희가 아니냐 너희는 우리의 영광이요 기쁨이니라"(살전 2:19-20).

바울의 자랑의 면류관은 주님이 강림하실 때 그가 주님께 보여드릴 구원받은 데살로니가 신자들이다. 그들은 바울의 영광이고 기쁨이다. 바울은 그가 사랑하는 신자들에 대해 애정을 담아 말한다. 당신도 그렇게 말해야 한다.

내가 아는 가장 훌륭한 장로 중 한 분이 내게 귀한 교훈을 가르쳐주었다. 그 장로는 그리스도인 부모들이 흔하게 하는 행동들을 전혀 하지 않았다. 즉, 자녀들에 대해 불평하거나, 동정이나 웃음을 유발하기 위해 아이들의 잘못을 과장하는 일들 말이다. 그는 자녀들에 대해 말할 때, 자랑하지 않고, 오로지 존중과 만족과 감사를 담아 말했다. 그 자녀들은 자기들의 아버지를 사랑했다. 애정이 깃든 말은 그가 얼마나 자녀들에게 신경을 쓰는지 보여주었다.

당신의 말에 귀를 기울이라. 당신은 강단에서 회중에게 어떤 방식으로 말하는가? 멤버들은 당신과 대화를 나눌 때 어떤 느낌을 받는가? 그들은 그들에 대한 당신의 깊은 애정을 감지하는가?

그리고 당신은 회중이 없을 때 그들에 대해 어떻게 말하는가? 동료 목사나 아내, 또는 혼자서 생각할 때 당신은 어떻게 말하는가?

어디에 있든 그들에 대해 온유함과 따뜻함으로 말하라.

당신이 다른 방식으로 말하게 된다면 하던 말을 그치고, 회개하고, 진심으로 가장 깊은 애정을 담아 그들에 대해 말하라.

그러면 당신의 마음과 말 속에서 그들은 당신의 영광이고 기쁨이 될 것이다. 그리고 당신은 장기적이고 열매 맺는 사역으로 향하는 길을 가게 될 것이다.

부록 1
전도사들을 위한 조언

나는 미시시피주 잭슨시의 리폼드신학교에서 현장 교육 담당자로 섬기고 있다. 매주 신학교 학생들은 교회에 가서 예배를 인도하고 설교를 한다. 내가 그들에게 제시하는 지침은 아래와 같다.

1. 적절한 옷차림
- 외투를 입고 넥타이를 하라.
- 두 장의 손수건을 준비하라. 한 장은 당신의 것이고, 다른 한 장은 손수건이 필요하게 될 다른 사람을 위한 것이다.

2. 가족
- 예배 중에 당신의 자녀들을 적절히 통제하라.
- 당신의 가족이 참석하면, 예배 시간을 즐기도록 노력하라.

3. 의전

- 교회에 미리 연락을 하라. 당신과 통화하는 사람에게 교회에 대해 물어보라. 그들은 당신의 노력을 긍정적으로 평가할 것이다.
- 교회에 최소한 45분 일찍 도착하라. 며칠 전에 약도를 미리 찾아보고 가는 방법을 계획하라.
- 구강청정제를 사용하라. 우리는 자신의 구취를 자각하지 못하지만 다른 사람들은 커피 냄새가 섞인 구취를 맡게 된다.
- 반드시 입구에 서서 사람들과 인사하라. 예배에 온 사람들을 환영하고 그들과 악수를 하라.
- 누가 당신을 대접하고자 초대하면 받아들이라.
- 지역사회의 문화적 가치를 인식하라. 불필요하게 불쾌감을 주지 말라.
- 설교할 기회를 받은 것과, 누구에게든 대접을 받은 것에 대해 감사 카드를 써 보내라.
- 당신이 하나님과 당신의 교회, 당신의 가족, 당신의 신학교를 대표하고 있다는 사실을 항상 기억하라.
- 아이들에게 인사를 하고 그들의 이름을 알아 두라.
- 당신이 만난 사람들의 이름을 적어 두라. 다시 만날 때까지 그 이름들을 외우라.

4. 예배 중에

- 저조한 출석률을 걱정하지 말라.
- 강단 위에서나 아래에서, 상스러운 언어나 불경한 표현을 쓰지 말라. 당신은 하나님의 사람이다.
- 설교문을 읽지 말라.

5. 예배 후

- 예배가 끝나면 입구에 서서 예배에 온 모든 이에게 감사하라.
- 당신이 사역하게 된 사람들에게 감사 인사를 하라.
- 진심으로 감사하면서 피드백을 받아들이라.
- 교회의 논쟁거리에 대해 판단하는 것은 결코 순회 설교자인 당신의 역할이 아니다.

부록 2
사역지 탐색에 대한 조언

1. **지연시키지 말라.** 가능한 일찍 당신의 교단의 목사 후보생이 되라. 목사안수위원회의 지침에 정확히 따르라.

신학교 졸업 때까지 목사 후보 자격요건 충족을 미루지 말라. 미루게 되면 당신은 신학교 과정은 모두 이수하게 되지만 교단의 목사안수 요건에 미치지 못하므로 목사 청빙을 수락할 준비가 되어 있지 않을 것이다. 이렇게 되면 당신은 청빙에 응하게 될 때까지 몇 달을 기다려야 할 수도 있다. 제때에 절차를 밟음으로써 당신의 교단에 대한 존경심과 당신의 가족에 대한 사랑을 나타내라.

미국 PCA 교단 소속 신학생들은 다음의 사항들을 유념해야 한다.

- 당신은 당신이 소속되기를 원하는 노회에 소속된 교회에서 적어도 여섯 달 동안은 멤버가 되어야 한다.
- 당신은 목사 후보생 및 전도사가 되기 전에 소속된 교회의 당회에서 추천을 받아야 한다.

- 목사 안수를 받기 전에 당신은 최소 12개월의 노회 전도사 사역을 완수해야 한다.
- 목사 안수를 위한 준비 과정은 최소 18개월의 사역 기간이 요구되며, 대부분의 후보생들은 약 30개월 정도 걸린다.

2. **이력서를 신중하게 준비하라.** 이력서를 교정하고, 다른 사람에게도 교정을 부탁하라. 이력서의 모든 세부사항이 검증 가능하게 하라. 정확하게 작성하라. 이력서를 준비할 때 기울이는 정성은 장차 당신이 사역하게 될 교회에서 맡을 업무에 대한 당신의 정성을 확인하는 하나의 척도가 된다.

3. **이력서를 넓은 범위까지 돌리라.** 목사 친구에게 공석이 난 교회가 있는지 물어보라. 교단 홈페이지에 모집 공고가 게재되지 않기도 하고, 어떤 자리는 공고를 낼 예정이지만 아직 게재하기 전일 수 있다.

4. **자기소개서(또는 이메일 문구)를 작성하라.** 이력서마다 자기소개서를 동봉해 당신의 이력서를 받을 사람 또는 위원회의 명칭을 적어 송부하라. 직책마다 자기소개서를 맞춰 작성하라. 자기소개서를 교정하고, 다른 사람에게도 교정을 부탁하라. 발송하기 전에 사무직에 종사하는 친구에게 자기소개서 평가를 부탁하라. 자기소개서는 당신의 첫인상을 형성한다.

5. **추천인 명단을 동봉하라.** 이력서에 추천인들의 이름을 기입하라. 청빙위원회에서 추천인 명단을 요구하는 상황이 생기게 하지

말라. 추천인들에게 이름을 사용해도 좋은지 허락을 받고, 그들의 정보가 정확한지 확인하라.

6. **이력서를 계속 업데이트하라.** 당신과 추천인들의 연락처 전부를 재차 확인하라.

7. **친절하라.** 당신을 불러준 모든 교회에 손으로 쓴 카드를 써 보내라.

8. **준비하라.** 예비 청빙이든, 정식 목사 청빙이든 면접에 임할 때 다음과 같이 준비하라.

- 정장을 입으라.
- 두 장의 손수건을 준비하라. 하나는 당신 것이고, 다른 하나는 혹시 누군가가 필요할 경우를 대비한 것이다.
- 질문에 대한 답은 간결하게 하라. 장황하게 말하지 말라.
- 모든 질문에 정확하고 정직하게 대답하라.
- 목사 청빙위원회에 질문하고 그들의 답변을 주의 깊게 들으라. 좋은 목사는 잘 듣는 사람이다.
- 똑바로 앉으라. 누군가 당신에게 말을 하면 그 사람을 바라보라. 태도는 중요하다.
- 여성이 들어오면 자리에서 일어서라. 신사다운 매너를 보이라.
- 목사 청빙위원회에 감사 카드를 써 보내라. 면접을 가게 된 것은 영예로운 일이다.
- 당신이 방문하는 동안 누군가가 당신을 도와주었다면 그에게

감사 카드를 써 보내라. 예를 들어 어느 사무실에서 위원회 모임을 가졌는데, 그 사무실 비서가 당신이 기다리는 동안 마실 것을 가져다주었다면 비서에게 감사 카드를 써 보내라. 당신이 받은 친절에 대해 답하라.

- 이메일을 쓸 때 "애덤스 씨께," "그리스도 안에서, 찰리 드림"과 같이 양식을 지키라. 문법과 구두법을 잘 지키라. 문장 첫머리와 적절한 부분에서 대문자를 사용하라. 속어 사용을 삼가라. 철자를 확인하라.

9. 밝혀야 할 것들을 솔직하게 밝히라. 당신이 교회에서 권징을 받은 적이 있거나 법적인 문제를 일으킨 경력이 있다면 목사 청빙 위원회에 그 사실을 말해야 한다. 이런 사실을 밝히지 않았다가 위원회에서 추천인 및 배경 조사를 통해 해당 정보를 입수할 경우, 위원회는 당신의 정직성을 의심하고 당신이 더 숨기는 것이 있는지 의문을 품을 것이다. 당신의 청빙은 거의 확실히 무산될 것이다.

10. 사람들과 어울리라. 어떤 교회의 목사 후보가 된다면 모든 사람들, 특히 어린이들과 이야기를 나누라. 그들의 이름을 익히라.

11. 감사하라. 목사 후보로 불려간 것은 영예로운 일이다. 하나님과 해당 교회에 대해 감사하라.

12. 당신의 아내를 동역자로 대하라. 함께 의논하고, 함께 기도하고, 함께 결정하라. 당신 부부는 한 팀이다.

설교 및 목회학에 대한 추천 도서

Adams, Jay E. *Preaching with Purpose.* Phillipsburg, NJ: P&R Publishing, 1982; Grand Rapids: Zondervan, 1986.

──. *Shepherding God's Flock.* 3 vols. Grand Rapids: Zondervan, 1974 ‐ 75. 《목회연구》, CLC 기독교문서선교회 역간.

Alexander, J. W. *Thoughts on Preaching.* Carlisle, PA: Banner of Truth, 1988.

Anyabwile, Thabiti M. *The Faithful Preacher: Recapturing the Vision of Three Pioneering African-American Pastors.* Wheaton, IL: Crossway, 2007.

Ash, Christopher. *The Priority of Preaching.* Ross‐shire, UK: Christian Focus, 2010.

Azurdia, Arturo G., III. *Spirit Empowered Preaching: Involving the Holy Spirit in Your Ministry.* Ross‐shire, UK: Christian Focus, 1998.

Bannerman, James. *The Church of Christ: A Treatise on the Nature, Powers, Ordinances, Discipline, and Government of the Christian Church.* Edmonton: Still Waters Revival Books, 1991.

Baxter, Richard. *A Christian Directory.* Vol. 1, *The Practical Works of Richard Baxter.* Ligonier, PA: Soli Deo Gloria, 1990. 《기독교 생활 지침 1》, 부흥과개혁사 역간.

──. *The Reformed Pastor.* Carlisle, PA: Banner of Truth, 1989. 《참된 목

자》, 크리스천다이제스트 역간.

Bennett, Arthur. *The Valley of Vision*. Carlisle, PA: Banner of Truth, 2003.

Bewes, Richard. *Speaking in Public Effectively*. Ross-shire, UK: Christian Focus, 1998.

Blaikie, William G. *For the Work of the Ministry: A Manual of Homiletical and Pastoral Theology*. Birmingham, AL: Solid Ground Christian Books, 2005.

Bridges, Charles. *The Christian Ministry: With an Inquiry into the Causes of Its Inefficiency*. Carlisle, PA: Banner of Truth, 1991.

Bridges, Jerry. *Respectable Sins: Confronting the Sins We Tolerate*. Colorado Springs: NavPress, 2007. 《(크리스천이 꼭 이겨야 할) 마음의 죄》, 두란노 역간.

Broadus, John A. *Lectures on the History of Preaching*. Vestavia Hills, AL: Solid Ground Christian Books, 2004.

―――. *On the Preparation and Delivery of Sermons*. Vestavia Hills, AL: Solid Ground Christian Books, 2005.

Brown, Charles. *The Ministry*. Carlisle, PA: Banner of Truth, 2006.

Bucer, Martin. *Concerning the True Care of Souls*. Carlisle, PA: Banner of Truth, 2009.

Bunyan, John. *The Pilgrim's Progress*. Carlisle, PA: Banner of Truth, 2005.

Calhoun, David. *Prayers on the Psalms: From the Scottish Psalter of 1595*. Carlisle, PA: Banner of Truth, 2010. 《천로역정》, 크리스천다이제스트 역간.

Campbell, Iain D. *Pray, Plan, Prepare, Preach: Establishing and Maintaining Priorities in the Preaching Ministry*. Leominster, UK: Day One Publications, 2012.

Carson, D. A. *A Call to Spiritual Reformation: Priorities from Paul and His Prayers*. Grand Rapids: Baker, 1992.

―――. *The Cross and Christian Ministry: Leadership Lessons from 1*

Corinthians. Grand Rapids: Baker, 1993.

Chapell, Bryan. *Christ-Centered Preaching: Redeeming the Expository Sermon*. Grand Rapids: Baker, 2005.《그리스도 중심의 설교》, 은성 역간.

───. *Christ-Centered Worship: Letting the Gospel Shape Our Practice*. Grand Rapids: Baker, 2009.

───. *Using Illustrations to Preach with Power*. Wheaton, IL: Crossway, 2001.

Charles, H. B., Jr. *On Preaching: Personal and Pastoral Insights for the Preparation and Practice of Preaching*. Chicago: Moody Publishers, 2014.

Chrysostom, St. John. *Six Books on the Priesthood*. Crestwood, NY: St. Vladimir's Seminary Press, 1984.

Clebsch, William A., and Charles Jaekle. *Pastoral Care in Historical Perspective*. New York: Jason Aronson, 1983.

Clowney, Edmund P. *Called to the Ministry*. Phillipsburg, NJ: P&R Publishing, 1976.《부르심 : 인생의 참된 사명을 발견하고 성취하는 길》, 복 있는사람 역간.

───. *Preaching and Biblical Theology*. Phillipsburg, NJ: P&R Publishing, 2002.《설교와 성경신학》, 크리스챤출판사 역간.

───. *Preaching Christ in All of Scripture*. Wheaton, IL: Crossway, 2003.

───. *The Unfolding Mystery: Discovering Christ in the Old Testament*. Colorado Springs: NavPress, 1988.《구약에 나타난 그리스도》, 네비게이 토 역간.

Croft, Brian. *Visit the Sick: Ministering God's Grace in Times of Illness*. Grand Rapids: Zondervan, 2014.

Dabney, Robert Lewis. *Sacred Rhetoric: or, A Course of Lectures on Preaching*. Whitefish, MT: Kessinger Publishing, 2010.

Dallimore, Arnold. *Spurgeon: A New Biography*. Edinburgh: Banner of Truth, 1985.

Dargan, Edwin Charles. *The History of Preaching*. Grand Rapids: Baker, 1954.

Davis, Bill. *Departing in Peace: Biblical Decision-Making at the End of Life*. Phillipsburg, NJ: P&R Publishing, 2017.

Davis, Dale Ralph. *The Word Became Fresh: How to Preach from Old Testament Narrative Texts*. Ross-shire, UK: Christian Focus, 2006.

Dever, Mark, and Greg Gilbert. *Preach: Theology Meets Practice*. Nashville: B&H, 2012.《마크 데버, 그렉 길버트의 설교》, 개혁된실천사 역간.

Dickson, David. *The Elder and His Work*. Phillipsburg, NJ: P&R Publishing, 2004.《장로와 그의 사역》, 개혁된실천사 역간.

Drucker, Peter F. *The Effective Executive: The Definitive Guide to Getting the Right Things Done*. New York: HarperCollins, 2002.

Eby, David. *Power Preaching for Church Growth: The Role of Preaching in Growing Churches*. Ross-shire, UK: Christian Focus, 1996.

Episcopal Church. *The Book of Common Prayer*. New York: Oxford University Press, 1993.

Fairbairn, Patrick. *Pastoral Theology: A Treatise on the Office and Duties of the Christian Pastor*. Audubon, NJ: Old Paths Publications, 1992.

Garretson, James M. *Princeton and Preaching: Archibald Alexander and the Christian Ministry*. Carlisle, PA: Banner of Truth, 2005.

————. *Princeton and the Work of the Christian Ministry*. 2 vols. Carlisle, PA: Banner of Truth, 2012.

Goldsworthy, Graeme. *Preaching the Whole Bible as Christian Scripture*. Grand Rapids: Eerdmans, 2000.《성경신학적 설교 어떻게 할 것인가》, 성서유니온선교회 역간.

Gordon, T. David. *Why Johnny Can't Preach: The Media Have Shaped the Messengers*. Phillipsburg, NJ: P&R Publishing, 2009.

————. *Why Johnny Can't Sing Hymns: How Pop Culture Rewrote the Hymnal*. Phillipsburg, NJ: P&R Publishing, 2010.

Gregory the Great. *The Book of Pastoral Rule.* Crestwood, NY: St. Vladimir's Seminary Press, 2007.

Houghton, Elsie. *Classic Christian Hymn-Writers.* Fort Washington, PA: Christian Literature Crusade, 1982.

Hughes, R. Kent, and Barbara Hughes. *Liberating Ministry from the Success Syndrome.* Wheaton, IL: Crossway, 2008.《성공 신드롬에서 자유로운 목회》, 디모데 역간.

James, John Angell. *An Earnest Ministry: The Want of the Times.* Carlisle, PA: Banner of Truth, 1993.

Johnson, Dennis E. *Him We Proclaim: Preaching Christ from All the Scriptures.* Phillipsburg, NJ: P&R Publishing, 2007.

Johnson, Terry L., ed. *Leading in Worship.* Rev. ed. White Hall, WV: Tolle Lege Press, 2013.

———. *Reformed Worship: Worship That Is according to Scripture.* Greenville, SC: Reformed Academic Press, 2000.

———. *Worshiping with Calvin: Recovering the Historic Ministry and Worship of Reformed Protestantism.* Darlington, UK: EP Books, 2014.

Jones, Paul S. *Singing and Making Music: Issues in Church Music Today.* Phillipsburg, NJ: P&R Publishing, 2006.

Keller, Timothy. *Preaching: Communicating Faith in an Age of Skepticism.* New York: Viking, 2015.《설교》, 두란노 역간.

Kelly, Douglas. *Preachers with Power: Four Stalwarts of the South.* Carlisle, PA: Banner of Truth, 1992.

Kistler, Don, ed. *Feed My Sheep: A Passionate Plea for Preaching.* Orlando, FL: Soli Deo Gloria Publications, 2002.

Lloyd-Jones, D. Martyn. *Preaching and Preachers.* Grand Rapids: Zondervan, 2011.《설교와 설교자》, 복있는사람 역간.

Macartney, Clarence Edward. *Preaching without Notes.* Nashville: Abingdon, 1946.

Manetsch, Scott M. *Calvin's Company of Pastors: Pastoral Care and the Emerging Reformed Church, 1536–1609*. New York: Oxford University Press, 2013.

Martin, Albert N. *You Lift Me Up: Overcoming Ministry Challenges*. Rossshire, UK: Christian Focus, 2013.

Massey, James Earl. *The Burdensome Joy of Preaching*. Nashville: Abingdon, 1998.

McNeill, John T. A *History of the Cure of Souls*. New York: Harper & Row, 1951.

Meilaender, Gilbert. *Bioethics: A Primer for Christians*. Grand Rapids: Eerdmans, 2005.

Millar, Gary, and Phil Campbell. *Saving Eutychus: How to Preach God's Word and Keep People Awake*. Kingsford, Australia: Matthias Media, 2013.

Miller, Samuel. *Thoughts on Public Prayer*. Harrisonburg, PA: Sprinkle Publications, 1985.

Motyer, Alec. *Preaching? Simple Teaching on Simply Preaching*. Rossshire, UK: Christian Focus, 2013.

Murphy, Thomas. *Pastoral Theology: The Pastor in the Various Duties of His Office*. Whitefish, MT: Kessinger Publishing, 2002.

Murray, David P. *Reset: Living a Grace-Paced Life in a Burnout Culture*. Wheaton, IL: Crossway, 2017.

Murray, Shona, and David Murray. *Refresh: Embracing a Grace-Paced Life in a World of Endless Demands*. Wheaton, IL: Crossway, 2017.

Old, Hughes Oliphant. *Leading in Prayer: A Workbook for Ministers*. Grand Rapids: Eerdmans, 1995.

―――. *The Reading and Preaching of the Scriptures in the Worship of the Christian Church*. Vol. 4, *The Age of Reformation*. Grand Rapids: Eerdmans, 2002.

————. *Worship: Reformed according to Scripture.* Louisville: Westminster John Knox, 2002.

Olyott, Stuart. *Ministering like the Master: Three Messages for Today's Preachers.* Carlisle, PA: Banner of Truth, 2003.

Orthodox Presbyterian Church. *The Book of Church Order of the Orthodox Presbyterian Church.* Willow Grove, PA: Committee on Christian Education of the Orthodox Presbyterian Church, 2000.

Packer, J. I. *Evangelism and the Sovereignty of God.* Downers Grove, IL: InterVarsity Press, 1961.

Peck, T. E. *Notes on Ecclesiology.* Richmond, VA: Presbyterian Committee of Publication, 1892.

Perkins, William. *The Art of Prophesying.* Carlisle, PA: Banner of Truth, 1996.《설교의 기술과 목사의 소명》, 부흥과개혁사 역간.

Piper, John. *Brothers, We Are Not Professionals: A Plea to Pastors for Radical Ministry.* Nashville: B&H, 2002.《형제들이여, 우리는 전문직업인이 아닙니다》, 좋은씨앗 역간.

————. *The Supremacy of God in Preaching.* Grand Rapids: Baker, 1990.

Postman, Neil. *Amusing Ourselves to Death: Public Discourse in the Age of Show Business.* New York: Penguin, 1985.

Pratt, Josiah, and John Henry Pratt, eds. *The Thought of the Evangelical Leaders: Notes of the Discussions of the Eclectic Society, London during the Years 1798–1814.* Edinburgh: Banner of Truth, 1978.

Presbyterian Church in America, General Assembly. *The Book of Church Order of the Presbyterian Church in America.* 6th ed. Lawrenceville, GA: Christian Education and Publications, 2013.

————. *The Westminster Confession of Faith and Catechisms: As Adopted by the Presbyterian Church in America.* Lawrenceville, GA: Christian Education and Publications, 2007.

Prime, Derek, and Alistair Begg. *On Being a Pastor: Understanding Our*

Calling and Work. Chicago: Moody Publishers, 2004.

Robinson, Haddon W. *Biblical Preaching: The Development and Delivery of Expository Messages.* Grand Rapids: Baker, 2001.

Shaw, James E. *Classic Hymns of Christendom: Fifty-two Stories and Studies of Scripture Which Inspired the Hymns.* Rapid City, SD: Crosslink Publishing, 2013.

Shedd, William G. T. *Homiletics and Pastoral Theology.* New York: Charles Scribner's Sons, 1902.

Short, David, and David Searle. *Pastoral Visitation: A Pocket Manual.* Rossshire, UK: Christian Focus; Edinburgh: Rutherford House, 2004.

Smith, Morton H. *Commentary on the PCA Book of Church Order.* Taylors, SC: Presbyterian Press, 2007.

Spring, Gardiner. *The Distinguishing Traits of Christian Character.* Phillipsburg, NJ: P&R Publishing, 1967.

————. *The Power of the Pulpit: Thoughts to Christian Ministers and Those Who Hear Them.* Carlisle, PA: Banner of Truth, 1986.

Spurgeon, Charles Haddon. *An All-Round Ministry.* Pasadena, TX: Pilgrim Publications, 1983.

————. *Lectures to My Students.* Carlisle, PA: Banner of Truth, 2008. 《목회자 후보생들에게 1, 2》, 생명의말씀사 역간.

————. *The Pastor in Prayer: A Collection of the Sunday Morning Prayers of C. H. Spurgeon.* Carlisle, PA: Banner of Truth, 2004.

Still, William. *Dying to Live.* Ross-shire, UK: Christian Focus, 1991.

————. *The Work of the Pastor.* Rev. ed. Ross-shire, UK: Christian Focus, 2010.

Stott, John R. W. *Between Two Worlds: The Challenge of Preaching Today.* Grand Rapids: Eerdmans, 1982.

————. *The Preacher's Portrait: Some New Testament Word Studies.* Grand Rapids: Eerdmans, 1961.

Von Allmen, Jean-Jacques. *Preaching and Congregation: Ecumenical Studies in Worship*. Richmond: John Knox, 1962.

Warfield, Benjamin B. *The Religious Life of Theological Students*. Phillipsburg, NJ: P&R Publishing, 1983.

Waters, Guy P. *How Jesus Runs the Church*. Phillipsburg, NJ: P&R Publishing, 2011. 《장로교회의 정치원리》, CLC 기독교문서선교회 역간.

Watson, Thomas. *The Godly Man's Picture*. Edinburgh: Banner of Truth, 1992. 《경건》, 복있는사람 역간.

Wells, David F. *The Courage to Be Protestant: Truth-Lovers, Marketers, and Emergents in the Postmodern World*. Grand Rapids: Eerdmans, 2008. 《용기 있는 기독교》, 부흥과개혁사 역간.

White, Peter. *The Effective Pastor: Get the Tools to Upgrade Your Ministry*. Ross-shire, UK: Christian Focus, 2000.

Wiersbe, Warren, and David Wiersbe. *Ministering to the Mourning: A Practical Guide for Pastors, Church Leaders, and Other Caregivers*. Chicago: Moody Publishers, 2006.

Witmer, Timothy. *The Shepherd Leader: Achieving Effective Shepherding in Your Church*. Phillipsburg, NJ: P&R Publishing, 2010. 《목자 리더십》, 개혁주의신학사 역간.

Witsius, Herman. *On the Character of a True Theologian*. Greenville, SC: Reformed Academic Press, 1994.

미주

1 Thabiti M. Anyabwile, *The Faithful Preacher: Recapturing the Vision of Three Pioneering African-American Pastors* (Wheaton, IL: Crossway, 2007), 82에 인용되어 있음.

2 William Childs Robinson, *The Certainties of the Gospel* (Grand Rapids: Zondervan, 1935), 130.

3 James S. Stewart, *Heralds of God: A Practical Book on Preaching* (Vancouver: Regent, 2001), 189.

4 John Owen, *The Works of John Owen*, ed. William H. Goold, vol. 16(Edinburgh: T&T Clark, n.d.), 76.

5 William G. Blaikie, *For the Work of the Ministry: A Manual of Homiletical and Pastoral Theology* (Birmingham, AL: Solid Ground Christian Books, 2005), 5.

6 R. Albert Mohler Jr., "Expository Preaching: Center of Christian Worship," in *Give Praise to God: A Vision for Reforming Worship*, ed. Philip Graham Ryken, Derek W. H. Thomas, and J. Ligon Duncan III(Phillipsburg, NJ: P&R Publishing, 2003), 112에 인용되어 있음.

7 Hughes Oliphant Old, *Worship: Reformed according to Scripture* (Louisville: Westminster John Knox, 2002), 2.

8 J. Ligon Duncan III, "Does God Care How We Worship?," in *Give Praise to God: A Vision for Reforming Worship*, ed. Philip Graham Ryken, Derek W. H. Thomas, and J. Ligon Duncan III (Phillipsburg, NJ: P&R Publishing, 2003), 35.

9 웨스트민스터 소요리문답 92, 93문.

10 Ken Sande, *The Peacemaker: A Biblical Guide to Resolving Personal Conflict* (Grand Rapids: Baker, 2004), 40-41. 나는 이 책이 신학생과 신입 목사를 위한 필독서라고 생각한다. 내가 섬긴 교회와 내가 가르치고 있는 신학교에서, 나는 이 책이 피스메이킹과 갈등 해결의 성경적 원칙을 배우기 위한 비범한 자료임을 발견하였다. 또한 이 책은 성인 주일학교와 청소년 주일학교 교재로서 탁월하며, 북 스터디와 리더십 트레이닝을 위해서도 탁월하다. 피스메이킹과 갈등 해결은 배울 수 있는 스킬이다. 목사는 그러한 스킬을 습득하고 본을 보이고 가르침으로써 이끌어야 한다.

11 Presbyterian Church in America, General Assembly, *The Book of Church Order of the Presbyterian Church in America*, 6th ed. (Lawrenceville, GA: Christian Education and Publication, 2013), 8-3.

12 Rosaria Champagne Butterfield, *Openness Unhindered: Further Thoughts of an Unlikely Convert on Sexual Identity and Union with Christ*(Pittsburgh: Crown and Covenant Publications, 2015), 147.

13 J. C. Ryle, *Practical Religion* (Edinburgh: Banner of Truth, 2013), 324.

14 William S. Plumer, *Psalms: A Critical and Expository Commentary with Doctrinal and Practical Remarks* (Carlisle, PA: Banner of Truth, 1990), 1139.

15 Charles Simeon, *Horae Homileticae*, vol. 18, *Philippians to 1 Timothy* (London: Holdworth and Ball, 1832-36), 283.

16 Charles Bridges, *The Christian Ministry: With an Inquiry into the Causes of Its Inefficiency* (Carlisle, PA: Banner of Truth, 1991), 157.

17 John Owen, *The Works of John Owen*, ed. William H. Goold, vol. 7(Edinburgh: T&T Clark, n.d.), 190.

18 James S. Stewart, *The Gates of New Life* (New York: Charles Scribner's Sons, 1940), 189.

개혁된 실천 시리즈 ───────

1. 깨어 있음
깨어 있음의 개혁된 실천
브라이언 헤지스 지음 | 조계광 옮김

성경은 모든 그리스도인에게 신분이나 인생의 시기와 상관없이 항상 깨어 경계할 것을 권고한다. 브라이언 헤지스는 성경과 과거의 신자들의 가르침을 바탕으로 깨어 있음의 "무엇, 왜, 어떻게, 언제, 누가"에 대해 말한다. 이 책은 반성과 자기점검과 개인적인 적용을 돕기 위해 각 장의 끝에 "점검과 적용" 질문들을 첨부했다. 이 책은 더 큰 깨어 있음, 증가된 거룩함, 삼위일체 하나님과의 더 깊은 교제를 향한 길을 발견하고자 하는 사람을 위한 책이다.

2. 기독교적 삶의 아름다움과 영광
그리스도인의 삶의 개혁된 실천
조엘 R. 비키 편집 | 조계광 옮김

본서는 그리스도인의 삶에서 정말로 중요한 요소들을 압축적으로 담고 있다. 내면적 경건 생활부터 가정, 직장, 전도하는 삶, 그리고 이 땅이 적대적 환경에 대응하며 살아가는 삶에 대해 정확한 성경적 원칙을 들어 말하고 있다. 이 책은 주제들을 잘 선택해 주의 깊게 다루는데, 주로 청교도들의 글에서 중요한 포인트들을 최대한 끌어내서 핵심 주제들을 짚어준다. 영광스럽고 아름다운 그리스도인의 삶의 청사진을 맛보고 싶다면 이 책을 읽으면 된다.

3. 장로 핸드북
모든 성도가 알아야 할 장로 직분
제랄드 벌고프, 레스터 데 코스터 공저 | 송광택 옮김

하나님은 복수의 장로를 통해 교회를 다스리신다. 복수의 장로가 자신의 역할을 잘 감당해야 교회 안에 하나님의 통치가 제대로 편만하게 미친다. 이 책은 그토록 중요한 장로 직분에 대한 성경의 가르침을 정리하여 제공한다. 이 책의 원칙에 의거하여 오늘날 교회 안에서 장로 후보들이 잘 양육되고 있고, 성경이 말하는 자격요건을 구비한 장로들이 성경적 원칙에 의거하여 선출되고, 장로들이 자신의 감독과 목양 책임을 잘 수행하고 있는가? 우리는 장로 직분을 바로 이해하고 새롭게 실천하여야 할 것이다. 이 책은 비단 장로만을 위한 책이 아니라 모든 성도를 위한 책이다. 성도는 장로를 선출하고 장로의 다스림에 복종하고 장로의 감독을 받고 장로를 위해 기도하고 장로의 직분 수행을 돕고 심지어 장로 직분을 사모해야 하기 때문에 장로 직분에 대한 깊은 이해가 필수적이다.

4. 집사 핸드북
모든 성도가 알아야 할 집사 직분
제랄드 벌고프, 레스터 데 코스터 공저 | 황영철 옮김

하나님의 율법은 교회 안에서 곤핍한 자들, 외로운 자들, 정서적 필요를 가진 자들을 따뜻하고 자애롭게 돌볼 것을 명한다. 거룩한 공동체 안에 한 명도 소외된 자가 없도록 이러한 돌봄이 잘 이루어져야 한다. 이 일은 기본적으로 모든 성도가 힘써야 할 책무이지만 교회는 특별히 이 일에 책임을 지고 감당하도록 집사 직분을 세운다. 오늘날 율법의 명령이 잘 실천되어 교회 안에 사랑과 섬김의 손길이 구석구석 미치고 있는가? 우리는 집사 직분을 바로 이해하고 새롭게 실천하여야 할 것이다. 그것은 교회 공동체를 향한 하나님의 거룩한 뜻이다.

5. 목사와 상담
목회 상담의 개혁된 실천
제레미 피에르, 디팍 레주 지음 | 차수정 옮김

이 책은 목회 상담이라는 어려운 책무를 어떻

게 수행해야 하는지 차근차근 단계별로 쉽게 가르쳐준다. 상담의 목적은 복음의 적용이다. 이 책은 이 영광스러운 임무를 효과적으로 수행할 수 있도록 첫 상담부터 마지막 상담까지 상담 프로세스를 어떻게 꾸려가야 할지 가르쳐준다.

6. 지상명령 바로알기
지상명령의 개혁된 실천
마크 데버 지음 | 김태곤 옮김

이 책은 지상명령의 바른 이해와 실천을 알려준다. 지상명령은 복음전도가 전부가 아니며 예수님이 분부하신 모든 것을 가르쳐 지키게 하는 것까지 포함하는 포괄적인 명령이다. 따라서 이 명령 아래 살아가고 있는 그리스도인들은 모든 것을 가르쳐 지키게 하는 그러한 시스템을 구축하고 이를 실천해야 한다. 이 책은 예수님이 이 명령을 교회에게 명령하셨다고 지적하며 지역 교회가 이 일을 수행할 수 있는 실천적 방법들을 구체적으로 다루고 있다. 삶으로 그리스도를 따르는 제자들로 가득 찬 교회를 꿈꾼다면 이 책이 큰 도움이 될 것이다.

7. 예배의 날
제4계명의 개혁된 실천
라이언 맥그로우 지음 | 조계광 옮김

제4계명은 십계명 중 하나로서 삶의 골간을 이루는 중요한 계명이다. 하나님의 뜻을 따르는 우리는 이를 모호하게 이해하고, 모호하게 실천하면 안 되며, 제대로 이해하고, 제대로 실천해야 한다. 이를 위해 우리는 이 계명의 참뜻을 신중하게 연구해야 한다. 이 책은 가장 분명한 논증을 통해 제4계명의 의미를 해석하고 밝혀준다. 하나님은 그날을 왜 제정하셨나? 그날은 얼마나 복된 날이며 무엇을 하면서 하나님의 복을 받는 날인가? 교회사에서 이 계명은 어떻게 이해되었고 어떤 학설이 있고 어느 관점이 성경적인가? 오늘날 우리는 이 계명을 어떻게 지킬 것인가?

8. 단순한 영성
영적 훈련의 개혁된 실천
도널드 휘트니 지음 | 이대은 옮김

본서는 단순한 영성을 구현하기 위한 영적 훈련 방법에 대한 소중한 조언으로 가득하다. 성경 읽기, 성경 묵상, 기도하기, 일지 쓰기, 주일 보내기, 가정 예배, 영적 위인들로부터 유익 얻기, 독서하기, 복음전도, 성도의 교제 등 거의 모든 분야의 영적 훈련에 대해 말하고 있다. 조엘 비키 박사는 이 책의 내용의 절반만 실천해도 우리의 영적 생활이 분명 나아질 것이라고 한다. 그리고 한 장씩 주의하며 읽고, 날마다 기도하며 실천하라고 조언한다.

9. 9Marks 힘든 곳의 지역 교회
가난하고 곤고한 곳에 교회가 어떻게 생명을 가져다 주는가
메즈 맥코넬, 마이크 맥킨리 지음 | 김태곤 옮김

이 책은 각각 브라질, 스코틀랜드, 미국 등의 빈궁한 지역에서 지역 교회 사역을 해 오고 있는 두 명의 저자가 그들의 실제 경험을 바탕으로 쓴 책이다. 이 책은 그런 지역에 가장 필요한 사역, 가장 효과적인 사역, 장기적인 변화를 가져오는 사역이 무엇인지 가르쳐준다. 힘든 곳에 사는 사람들을 긍휼히 여기는 마음이 있다면 꼭 참고할 만한 책이다.

10. 생기 넘치는 교회의 4가지 기초
건강한 교회 생활의 개혁된 실천
윌리엄 보에케스타인, 대니얼 하이드 공저

이 책은 두 명의 개혁파 목사가 교회에 대해 저술한 책이다. 이 책은 기존의 교회성장에 관한 책들과는 궤를 달리하며, 교회의 정체성, 권위, 일치, 활동 등 네 가지 영역에서 성경적 원칙이 확립되고 '질서가 잘 잡힌 교회'가 될 것을 촉구한다. 이 4가지 부분에서 성경적 실천이 조화롭게 형성되면 생기 넘치는 교회가 되기 위한 기초가 형성되는 셈이다. 이 네 영역 중 하나라도 잘못되고 무질서하면 그만큼 교회의 삶은 혼탁해지며 교회는 약해지게 된다.

11. 북미 개혁교단의 교회개척 매뉴얼
URCNA 교단의 공식 문서를 통해 배우는 교회개척 원리와 실천

이 책은 북미연합개혁교회(URCNA)라는 개혁교단의 교회개척 매뉴얼로서, 교회개척의 첫걸음부터 그 마지막 단계까지 성경의 원리에 입각한 교회개척 방법을 가르쳐준다. 모든 신자는 함께 교회를 개척하여 그리스도의 나라를 확장해야 한다.

12. 아이들이 공예배에 참석해야 하는가
아이들의 예배 참석의 개혁된 실천

대니얼 R. 하이드 지음 | 유정희 옮김

아이들만의 예배가 성경적인가? 아니면 아이들도 어른들의 공예배에 참석해야 하는가? 성경은 이에 대해 무엇을 말하는가? 아이들의 공예배 참석은 어떤 유익이 있으며 실천적인 면에서 주의할 점은 무엇인가? 이 책은 아이들의 공예배 참석 문제에 대해 성경을 토대로 돌아보게 한다.

13. 신규 목회자 핸드북

제이슨 헬로포울로스 지음 | 리곤 던컨 서문 | 김태곤 옮김

이 책은 새로 목회자가 된 사람을 향한 주옥같은 48가지 조언을 담고 있다. 리곤 던컨, 케빈 드영, 앨버트 몰러, 알리스테어 베그, 팀 챌리스 등이 이 책에 대해 극찬하였다. 이 책은 읽기 쉽고 매우 실천적이며 유익하다.

14. 마음을 위한 하나님의 전투 계획
청교도가 실천한 성경적 묵상

데이비드 색스톤 지음 | 조엘 비키 서문 | 조계광 옮김

묵상하지 않으면 경건한 삶을 살 수 없다. 우리 시대에 일어나고 있는 일이 바로 이것이다. 오늘날은 명상에 대한 반감으로 묵상조차 거부한다. 그러면 무엇이 잘못된 명상이고 무엇

이 성경적 묵상인가? 저자는 방대한 청교도 문헌을 조사하여 청교도들이 실천한 묵상을 정리하여 제시하면서, 성경적 묵상이란 무엇이고, 왜 묵상을 해야 하며, 어떻게 구체적으로 묵상을 실천하는지 알려준다. 우리는 다시금 이 필수적인 실천사항으로 돌아가야 한다.

15. 9Marks 마크 데버, 그렉 길버트의 설교
설교의 개혁된 실천

마크 데버, 그렉 길버트 지음 | 이대은 옮김

1부에서는 설교에 대한 신학을, 2부에서는 설교에 대한 실천을 담고 있고, 3부는 설교 원고의 예를 담고 있다. 이 책은 신학적으로 탄탄한 배경 위에서 설교에 대해 가장 실천적으로 코칭하는 책이다.

16. 개혁교회 공예배
공예배의 개혁된 실천

대니얼 R. 하이드 지음 | 이선숙 옮김

많은 신자들이 평생 수백 번, 수천 번의 공예배를 드리지만 정작 예배에 대해서 제대로 이해하지 못하는 경우가 많다. 당신은 예배가 왜 지금과 같은 구조와 순서로 되어 있는지 이해하고 예배하는가? 신앙고백은 왜 하는지, 목회자가 왜 대표로 기도하는지, 말씀은 왜 읽는지, 축도는 왜 하는지 이해하고 참여하는가? 이 책은 분량은 많지 않지만 공예배의 핵심 사항들에 대하여 알기 쉽게 알려준다.

17. 개혁교회의 가정 심방
가정 심방의 개혁된 실천

피터 데 용 지음 | 조계광 옮김

목양은 각 멤버의 영적 상태를 개별적으로 확인하고 권면하고 돌보는 일을 포함한다. 이를 위해 교회는 역사적으로 가정 심방을 실시하였다. 이 책은 외국 개혁교회에서 꽃피웠던 가정 심방의 실제 모습을 보여주며, 한국 교회 안에서 행해지는 가정 심방의 개선점을 시사해준다.

18. 존 오웬의 그리스도인의 교제 의무
그리스도인의 교제의 개혁된 실천
존 오웬 지음 | 김태곤 옮김

이 책은 그리스도인 상호 간의 교제에 대해 청교도 신학자이자 목회자였던 존 오웬이 저술한 매우 실천적인 책으로서, 이 책에서 우리는 청교도들이 그리스도인의 교제를 얼마나 중시했는지 엿볼 수 있다. 이 책은 그리스도인의 교제에 대한 핵심 원칙들을 담고 있다. 교회 안의 그룹 성경공부에 적합하도록 각 장 뒤에는 토의할 문제들이 부가되어 있다.

19. 신약 시대 신자가
왜 금식을 해야 하는가
금식의 개혁된 실천
대니얼 R. 하이드 지음 | 김태곤 옮김

금식은 과거 구약 시대에 국한된, 우리와 상관없는 실천사항인가? 신약 시대 신자가 정기적인 금식을 의무적으로 행해야 하는가? 자유롭게 금식할 수 있는가? 금식의 목적은 무엇인가? 이 책은 이런 여러 질문에 답하면서, 이 복된 실천사항을 성경대로 회복할 것을 촉구한다.

20. 네덜란드 개혁교회의 자녀양육
자녀양육의 개혁된 실천
야코부스 쿨만 지음 | 유정희 옮김

이 책에서 우리는 17세기 네덜란드 개혁교회 배경에서 나온 자녀양육법을 살펴볼 수 있다. 경건한 17세기 목사인 야코부스 쿨만은 자녀양육과 관련된 당시의 지혜를 한데 모아서 구체적인 282개 지침으로 꾸며 놓았다. 부모들이 이 지침들을 읽고 실천하면 큰 도움을 받을 수 있게 하였다. 의도는 선하더라도 방법을 모르면 결과를 낼 수 없다. 우리 그리스도인 부모들은 구체적인 자녀양육 방법을 배우고 실천해야 한다.

21. 조엘 비키의 교회에서의 가정
설교 듣기와 기도 모임의 개혁된 실천
조엘 비키 지음 | 유정희 옮김

이 책은 가정생활의 두 가지 중요한 영역에 대한 실제적 지침을 포함하고 있다. 첫째, 공예배를 위해 가족들을 어떻게 준비시켜야 하는지, 설교 말씀을 어떻게 받아야 하는지, 그 말씀을 어떻게 실천해야 하는지 설명한다. 둘째, 기도 모임이 교회의 부흥과 얼마나 관련이 깊은지 역사적으로 고찰하면서, 기도 모임의 성경적 근거를 제시하고, 그 목적을 설명하며, 나아가 바람직한 실행 방법을 설명한다.

22. 장로와 그의 사역
장로 직분의 개혁된 실천
데이비드 딕슨 지음 | 김태곤 옮김

장로는 무슨 일을 하는 사람인가? 스코틀랜드 개혁교회 장로에게서 장로의 일에 대한 조언을 듣자. 이 책은 장로의 사역에 대한 지침서인 동시에 남을 섬기는 삶의 모델을 보여주는 책이다. 이 책 안에는 비단 장로뿐만 아니라 모든 그리스도인이 본받아야 할, 섬기는 삶의 아름다운 모델이 담겨 있다. 이 책은 따뜻하고 영감을 주는 책이다.